HEYNE
BÜCHER

W0083323

TODD KEITH

KEVIN COSTNER

Die nichtautorisierte Biographie

Deutsche Erstausgabe

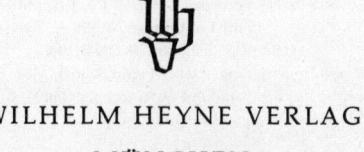

WILHELM HEYNE VERLAG
MÜNCHEN

HEYNE ALLGEMEINE REIHE
Nr. 01/8619

Titel der Originalausgabe
KEVIN COSTNER
Aus dem Amerikanischen übersetzt
von Christa von Hadeln

Redaktion: Rainer-Michael Rahn

Copyright © 1991 by Ikonprint
Published by Arrangement with Author
Copyright © der deutschen Ausgabe 1992
by Wilhelm Heyne Verlag GmbH & Co. KG, München
Printed in Germany 1992
Umschlagillustration: IKON-Books
Umschlaggestaltung: Atelier Ingrid Schütz, München
Satz: (1285) IBV Satz- und Datentechnik GmbH, Berlin
Druck und Bindung: Ebner, Ulm

ISBN 3-453-06122-5

Dieses Buch widme ich

MEINER MUTTER

für ihre erstaunliche Gabe,
mir in erster Linie eine Freundin gewesen zu sein.
Für all Deine Liebe und Unterstützung.

Inhalt

Einleitung

Keiner möchte, daß die sorgsam gehüteten Idealvorstellungen, die er sich von seinem Lieblingsschauspieler oder einer anderen Berühmtheit macht, getrübt werden.

Dieses Buch zielt also nicht darauf ab, Kevin Costners Image anzugreifen. Er ist ein Leinwandstar, der für seinen ersten Regie-Erfolg ›Der mit dem Wolf tanzt‹ (›Dances With Wolfes‹) zwölf Nominierungen für den Academy Award erhielt. (Der Film gewann sieben Oscars, darunter einen für den besten Film und einen für die beste Regie.) Costner finanzierte den Film als unabhängiger Produzent und hatte die Genugtuung, daß er über 200 Millionen Dollar einspielte.

Sein Film ›Robin Hood – König der Diebe‹ (›Robin Hood: Prince of Thieves‹) ließ erwarten, daß das Publikum in Scharen kommen würde, um diesen beliebten Hollywood-Klassiker zu sehen. Und so war es auch. Der Film spielte mehr als 175 Millionen Dollar ein. Bei ›JKF – Tatort Dallas‹ hatte Oliver Stone Produktion und Regie übernommen. Wegen seiner provozierenden Anschuldigung, John F. Kennedy sei mit Wissen von CIA und FBI ermordet worden, stieß der Film ebenfalls auf ein großes Publikumsinteresse.

Man kann also getrost sagen, daß Kevin Costner ein Leinwandidol ist: die Verkörperung eines Mannes, der dem heutigen Zeitgeist entspricht, und ein Vorbild, das das Publikum liebt. Diese Bewunderung teile ich, weil er die Gabe hat, Millionen mit packenden, realitätsbezogenen Filmen zu unterhalten. In einem Punkt jedoch unterscheide ich mich von jenen Menschen, die Costner allein aufgrund seiner Karriere und seines Images bewundern. Ein durch die Medien einseitig gefärbtes Bild kann ich nicht akzeptieren. Ich muß mir zunächst selbst ein Urteil über ihn bilden können, was ich durch die Auswertung aller mir verfügbaren Informationen versuchen werde, ganz gleich, ob sie ihn in ein gutes oder schlechtes Licht rücken. Aber ich weiß dann, ob ich ihn als Mensch respektieren kann oder nicht. Es wäre schlecht, einen ›Mythos‹, einen Helden der Leinwand zu bewundern, der im wirklichen Leben vielleicht ein Fiesling ist. Um ein Ganzes zu bilden, sollte ein Leinwandidol auch als Mensch integer sein.

In diesem Buch habe ich es mir daher zum Ziel gesetzt, die wahre Geschichte des Kevin Costner darzustellen. Ohne Costners Hilfe wäre das unmöglich gewesen. Er wird oft zitiert und spricht offen über viele, ihn persönlich betreffende Dinge, zum Beispiel über das ›System‹ Hollywood, über seine Regie bei ›Der mit dem Wolf tanzt‹ ohne Studiounterstützung; seine Sexszenen mit Hauptdarstellerinnen; über seine ›perfekte‹ Vaterrolle, über Ehe und Kinder; über seine frühen Filme; seine Kämpfe bei der Produktion von ›Robin Hood – König der Diebe‹, über seine Fehler und Versäumnisse sowie seine Gedanken und Hoffnungen für die Zukunft.

Das Wort ›Argwohn‹ beschreibt eigentlich haargenau meine Gefühle, wenn ich einem Superstar gegenübertrete, dessen Bild wie ein Hochglanzfoto strahlt. Kevin Costner, das werden Sie in diesem Buch erfahren, hat seine Fehler – aber wer hat die nicht?

Es ist faszinierend zu entdecken, wie dieser Mann ungewohnte Streßsituationen meistert, die ihn bis auf das äußerste fordern. Er ist aber auch ein Mann, der Träumen und Hoffnungen nachhängen kann und die Natur liebt. Er ist einer der wenigen in Hoolywood mit der ›Carte blanche‹, d. h. er kann seine Filme selbst produzieren, inszenieren und die Hauptrolle spielen. Die Fehler, die dabei natürlicherweise ans Tageslicht kommen, machen Costner menschlich, nehmen ihm aber nichts vom Glanz der erstaunlichen Erfolge seiner nunmehr fünfzehnjährigen Karriere.

Es gibt Passagen in diesem Buch, die Ihnen zeigen werden, daß Kevin Costner – obwohl er es versucht – durchaus nicht immer der ›nette Junge von nebenan‹ ist. Sie werden auch seine Hartnäckigkeit und Ausdauer kennenlernen, mit der er als Außenseiter um seine Karriere kämpft, und das in einer Stadt, die Verlierer haßt.

Um das Porträt von Kevin Costner möglichst naturgetreu wiederzugeben, wurden Tausende von Details zusammengetragen: Erlebnisse aus seiner Kindheit und seiner High-School-Zeit, die Kämpfe während seiner Schauspielerlaufbahn, die Auseinandersetzungen bei seinen Filmprojekten und mit seiner Familie. Freunde, Arbeitskollegen, Filmcrews, Hollywood-Agenten, Regisseure, Schauspieler, Autoren, Produzenten und Schulfreunde berichten von ihren Eindrücken und Erfahrungen mit ihm, angefangen von seinen Schwierigkeiten in der Schule, seiner Sorge, schmächtig und klein zu bleiben, bis zu seinem alles in den Schatten stellenden Star-Ruhm. Die Einstellung seiner Frau zu seinem Image als Sexsymbol kommt zur Sprache, sowie Ansichten und Meinungen der nächsten Familienangehörigen über sein Leben und seinen Charakter.

Was sich schließlich aus all diesen Informationen herauskristallisiert, ist das Bild eines Mannes, der seinen Beruf und seine Familie mehr als alles andere auf der Welt liebt. Was aber auch zutage tritt, ist das Bild eines zuweilen eitlen, infantilen, egozentrischen Hollywood-Kraftprotzes, der alles bekommt, weil er keine Kompromisse schließt.

Alles in allem zeigen die zusammengetragenen Faktoren doch, daß Kevin Costner selbst nicht sehr weit von seinen Leinwandcharakteren entfernt ist: Er ist witzig, leidenschaftlich, sinnlich, abweisend, sensibel, mitfühlend, hartnäckig, egoistisch, von großer Überzeugungskraft und manchmal ein Dickkopf, ein Einzelgänger und ein Exhibitionist. Kurzum, ein vielschichtiges Ganzes. Das ist meine Feststellung.

Jetzt wird es aber Zeit, daß Sie das alles selbst lesen und erfahren, ob Kevin Costner auch als Mensch mit dem ›Mythos‹ Kevin Costner Schritt halten kann. Gute Unterhaltung.

Ich möchte Saul Mussry meinen aufrichtigen Dank für seine unschätzbaren Nachforschungen aussprechen, die mir bei diesem Buch sehr geholfen haben. Er war eine wahre Fundgrube für Informationen aus der Filmbranche. Meinen herzlichsten Dank auch an ›ikonoprint‹ und Peter F. für seine Unterstützung und Anregung.

Ein besonderer Dank geht an Richard Corliss, Richard Schickle, Stanley Kauffmann, David Ansen und Pauline Kael für die freundliche Genehmigung, einzelne Passagen aus ihren Filmkritiken zu übernehmen.

TEIL I

Kindheit und Jugend

Erstes Kapitel

Der schwierige Kevin

Beschreibt man die Anfänge in Kevin Costners Leben, so unterscheiden sie sich in ihren wesentlichen Punkten wohl kaum von denen eines Durchschnittsbürgers: der Sport, die üblichen Schwierigkeiten mit dem anderen Geschlecht, die Vater-Sohn-Beziehung, mittelmäßige Leistungen in der Schule, Minderwertigkeitskomplexe und eine durch und durch bürgerliche Herkunft.

Nach der Schule heiratete Costner seine Jugendliebe, wurde im Marketingbereich tätig und setzte Kinder in die Welt. Bis zu diesem Punkt nimmt das Leben vieler Menschen einen ähnlichen Verlauf, mit allen dazugehörenden Freuden und Kümmernissen. Trotzdem verläuft das Leben dieses ›Durchschnittsmenschen‹ mit dem Namen Kevin Costner – der in Hollywood eher einem Prinzen als einem Bürgerlichen gleicht – ganz anders.

Kevin Costner wurde am 18. Januar 1955 in Compton geboren, einem Vorort von Los Angeles, der von Familien mit niedrigem Einkommen bewohnt wird. Kevin Costner ist irisch-deutscher Abstammung. Seine Mutter arbeitete bei der staatlichen Wohlfahrt. Der Beruf seines Vaters als Angestellter einer Elektrizitätsgesellschaft erforderte es, daß die Familie häufig den Wohnsitz innerhalb Kaliforniens wechseln mußte. So verbrachte Costner seine Grundschuljahre in den verschiedensten Gemeinden Kaliforniens, wie Santa Paula, Ventura, Visalia und Ojai. Als er dann so alt war, um in die Villa Park Highschool einzutreten, war er bereits ein hervorragender Sportler, der in der Basketball-, Baseball- und Football-Mannschaft sehr begehrt war.

Sein durch den ständigen Ortswechsel bedingtes Nomadenleben war der Grund für eine gewisse innere Unsicherheit, die sich in Costners Laufbahn später noch bemerkbar machen sollte. Seine Vorliebe, sich selbst zu beweisen und die oft halsbrecherischen Film-Stunts selbst auszuführen, stammt aus seiner Schulzeit, wo er sich als Sportler und ›ganzer Kerl‹ beweisen wollte.

Die ständigen Umzüge waren durch Bill Costners Beruf bedingt. Die Southern California Edison hatte ihn mit der Wartung ihrer Elektrizitätsleitungen beauftragt. Bill Costner hatte diese Stellung angenommen, als Kevin sechs Jahre alt war, und von da an begann das Wanderleben der Familie.

Diese Wurzellosigkeit erweckte in Costner die Vorstellung, auf dauerhafte Freundschaften verzichten zu müssen. Kaum hatte er Freunde gefunden, mußte er sich wieder von ihnen trennen, weil die Eltern weiterzogen. Sie ist auch ein Grund dafür, daß er seine schulischen Leistungen als höchst mittelmäßig bewertet. Vier High-School-Wechsel in fast ebensovielen Jahren würden auch für den klügsten und fleißigsten Schüler das ›Mitkommen‹ schwierig machen.

»Ich stand immer außen«, erinnert sich Costner. »Und erst, wenn das Jahr zu Ende ging, fühlte ich mich dazugehörig, aber dann zogen wir wieder fort.« Der Sport allerdings half ihm, sich ›akzeptiert‹ zu fühlen, und so blieb er stets im Training, um sich in Form zu halten.

Ein bezeichnender Vorfall ereignete sich bei einem Basketballspiel. Hätte man damals schon gewußt, was aus Kevin Costner eines Tages werden würde, so wäre das ein deutlicher Fingerzeig gewesen.

Der Star erinnert sich an dieses besondere Spiel: »Mein Drang, mich zu produzieren, war nicht mehr zu bremsen. Während eines hitzigen Baseballspiels landete ich im Schoß eines hübschen Mädchens, das gerade eine Cola trank. Und ich nahm einen Schluck. Ein Riesenapplaus. Anschließend meinte mein Vater: ›Du bist auf dem Platz, um zu spielen.‹«
Obwohl sein Vater nicht besonders viel von seinen ›Auftrit-

ten‹ hielt, unterstützte er die sportlichen Ambitionen seines Sohnes.

»Ich glaube, meine Liebe zum Sport verdanke ich meinem Vater«, meint der Schauspieler, spätere Regisseur und Produzent. »Er zwang mich nie, mit ihm zu spielen, ließ mich die Initiative ergreifen. Für mich ein Vorbild, wie ein Vater seinen Sohn leiten sollte«, fügt er hinzu.

Der Sport spielte im Leben des jungen Kevin eine wichtige Rolle, und das gute Verhältnis zu seinem Vater spiegelt sich zweifellos in seinem Erfolgsfilm ›Feld der Träume‹ (›Field Of Dreams‹) wider.

»Sport, abgesehen von seinem Konkurrenz-Aspekt, hat etwas mit Gemeinschaft und Fairneß zu tun«, stellt er fest. »Und außerdem habe ich mich immer gern im Dreck gewälzt... Als kleiner Junge war ich um Ausreden nie verlegen und wurde selten beim Schwindeln ertappt. Sie könnten das bereits als ›Verstellen‹ und ›Darstellen‹ interpretieren. Ich wollte schwierige Szenen konsequent durchspielen. Und darum liebte ich den Sport so sehr. Da war ich mitten im Geschehen... Ich hatte zu wenig Anregung, um auf die Idee zu kommen, unbedingt Schauspieler zu werden. Ich habe mir gern Filme angesehen und ihre Darsteller bewundert, aber eine Karriere als Filmstar erschien mir wohl doch zu unrealistisch.« Da er nach jedem Umzug wieder neue Freunde gewinnen mußte, fühlte er sich mehr und mehr verunsichert und allein gelassen. So war es verständlich, daß der junge Kevin seinen Fantasien über Filmhelden freien Lauf ließ und ihnen nacheifern wollte.

»Ich vergaß die Welt um mich, wenn ich einen Film sah«, erinnert er sich. »Ich hatte eine sehr rege Fantasie. Ich weiß noch, wie ich als Zehnjähriger den Film ›Das war der Wilde Westen‹ gesehen habe und an manchen Stellen vor Aufregung gezittert habe.«

Wenn er sagt, sein Vater hätte es verstanden, ihn mit leichter Hand zu lenken, so hatte Bill Costner ganz andere Vorstellungen, was die Erziehung seines Sohnes anbetraf.

»Vom ersten Tag an hatte Kevin seinen eigenen Kopf«, erinnert sich Vater Costner. »Einmal hatte er die Idee, in seiner Schule eine Vorführung zu organisieren. Ich fand, daß er sich damit als Elfjähriger wohl zuviel zumuten würde und sagte: ›Kevin, das kannst du nicht.‹ Und Kevin meinte: ›Dad, sag mir nie wieder, daß ich etwas nicht kann.‹ Unbeirrt zog er los und organisierte die Vorführung.«

»Sag mir nie, daß ich etwas nicht kann« – diese Devise hat sich Costner zu eigen gemacht. Später, als er gegen jegliche Hollywood-Konvention zwei Filme mit dem Hauptthema Baseball hintereinander drehte und Regie bei einem vierstündigen Western mit Untertiteln führte, gebrauchte er diese Worte oft gegenüber Vorgesetzten und Besserwissern. Wie seinem Vater, würde er ihnen beweisen, daß sie sich geirrt hatten.

Als Star hat er oft diejenigen gewarnt, die seinen persönlichen Freiraum zu sehr einschränken wollten. »Ihr könnt mich hundert Yards lang schieben und stoßen, bis auf ein Inch. Das allerdings gehört nur mir, und ich rate keinem, mir da zu nahe zu kommen. Ich fürchte, das ist vielleicht nicht gerade ein angenehmer Charakterzug von mir.«

Daddys Sohn war jedoch nicht immer die reine Wonne. In der Vorschule und gerade fünf Jahre alt, wurde Costner immer wieder ins Büro des Direktors gerufen. Wenn er nicht in Faustkämpfe verwickelt war, erwischte man ihn, wie er schwere Steine auf Öltransporter warf, wenn sie an der Schule vorbeifuhren.

Einmal versetzte Klein-Kevin alles in wilde Aufregung, als er sich vom Unterricht wegschlich, um vom Dach des Schulhauses herunterzuspringen – mit dem Erfolg, daß er sich die große Zehe brach. Ungefähr in diesem Alter hatte Kevin das erste Kino-Erlebnis, an das er sich erinnern kann:

»Ich glaube an die Magie der Filme, an die Möglichkeit, daß sie etwas Großes bewirken können... Ich erinnere mich noch, als ich vier Jahre alt war und in einem Spielanzug mit meiner Mutter mitfuhr, um meinen Bruder vor einem Kino abzusetzen. Durch das verregnete Rückfenster des Autos sah ich ein Schild mit riesigen roten Buchstaben. Meine Mutter erklärte mir, daß diese Buchstaben ›BEN HUR‹ bedeuteten. Und das habe ich nie vergessen. Aber ich habe damals nicht einmal im Traum daran gedacht, in einem Film mitzuspielen. Ich war überzeugt, diese Menschen wären irgendwie auf geheimnisvolle Weise auf der Leinwand zur Welt gekommen«, erinnert er sich.

Ein anderes Filmerlebnis, das Costner nicht so schnell vergessen konnte, versetzte ihn in Angst und Schrecken. Mit neun Jahren sah er ›Wiegenlied für eine Leiche‹. Dieser Horrorfilm mit Bette Davis verfolgte ihn so sehr, daß er Alpträume hatte und nachts eine Zeitlang nur bei Licht schlafen konnte.

Als Costner heranwuchs, machte er sich in seinem zweiten Jahr auf der High-School wegen seiner geringen Körpergröße – ein Meter sechzig – Sorgen. »Meine volle Größe erreichte ich erst, als ich aufs College ging«, sagt er jetzt. »Meine Mutter tröstete mich immer voller Überzeugung, daß ich noch wachsen würde. Jetzt bin ich ein Meter fünfundsiebzig groß. Aber damals kam ich nicht darüber hinweg, klein zu sein. Ja, ich hatte nicht einmal den Mut, mich mit einem Mädchen zu verabreden«, erinnert er sich.

Alle, die Costner als Sexsymbol und strahlenden Hollywoodhelden kennen, werden überrascht sein, daß er während seiner ganzen Kindheit unter Minderwertigkeitskomplexen litt. Aufgrund dieser Unsicherheit war Costner stets bemüht, Anerkennung bei den Menschen zu finden, die ihm etwas bedeuteten. Die Wertschätzung der Menschen, die er liebt und die ihm wichtig sind, spielt für den arrivierten Schauspieler, Regisseur und Produzenten auch heute noch eine wichtige Rolle.

Costner erklärt seine damalige Situation. »Ich war ein Einzelgänger als Kind – klein, schmächtig, mit großen Füßen, ein typischer Spätentwickler –, und ich hatte noch nie eine Verabredung mit einem Mädchen. Ich war immer der kleine

Neue aus dem Nachbarhaus, weil wir so verdammt häufig umzogen. Ich glaube, ich wollte wie alle Kinder um jeden Preis gefallen. Das will ich auch heute noch. Als Kind wartete ich mit meinem Bruder darauf, daß mein Vater nach Hause kam. Wir rannten auf ihn zu, um ihm die Schnürsenkel seiner Stiefel aufzubinden. Mein Bruder übernahm den linken und ich den rechten Fuß, einfach weil wir uns freuten, daß Dad wieder zu Hause war. Ich wollte ihm unbedingt gefallen.« Man kann sich vorstellen, wieviel Freude Bill Costner heute an seinem jüngsten Sohn hat. Trotz seines phänomenalen Erfolges als Schauspieler, Regisseur und Produzent sagt Costner, er hätte sich als Kind nie vorstellen können, daß es ihn einmal in die Filmbranche ziehen könnte. Kevin glaubte irgendwie, daß Filmschauspieler nach einem göttlichen Beschluß aus den Wolken auf die Erde gesetzt würden. Jedenfalls waren sie für ihn keine normalen Menschen. »Ich dachte immer, daß die Menschen auf der Leinwand extra dafür erschaffen wurden. Schauspielerei war etwas, was anderen Menschen vorbehalten war«, sagt er.

Die Costners waren eine intakte Familie. Kevins Campingabenteuer mit seinem Vater schweißten die beiden noch mehr zusammen. Ihre enge Verbundenheit ist bis auf den heutigen Tag erhalten geblieben.

Wenn man von ihrem Zusammengehörigkeitsgefühl absieht, so führten die Costners schon immer ein Nomadenleben, wie Kevin das Leben seines Vaters in ›Früchte des Zorns‹ (›Grapes Of Wrath‹) beschreibt. »Väterlicherseits hat meine Familie während der Weltwirtschaftskrise alles verloren. Sie zog dann von Oklahoma aus hierher. Sie waren ›Okies‹, wie die Leute in ›Früchte des Zorns‹.« Sie verließen Guymon, Oklahoma, in einem Ford Modell A und nahmen nur das mit, was sie im Wagen verstauen konnten. »Diesen Umständen verdanke ich meinen gesunden Menschenverstand, aber auch mein Bedürfnis nach finanzieller Sicherheit, das auch jetzt noch besteht, obwohl ich mehr habe, als jemals erwartet.«

Aus dieser Motivation heraus schlug Costner einen sicheren Weg ein und ging auf ein College.

Costner war ein armer Student, hatte aber einen gewissen Schick und war wie stets ein ausgezeichneter Sportler. Er nahm Klavierunterricht, schrieb Gedichte und sang im Baptistenchor. Das ereignislose Studentenleben brachte dem jungen, fantasievollen Menschen wenig Anregung.

Kevin war der dritte Sohn der Costners. Sein älterer Bruder Dan wurde 1950 geboren. Sein zweiter Bruder Mark starb bei der Geburt. Kevin erblickte zwei Jahre später das Licht der Welt. Seiner Mutter lag viel daran, ihre beiden Söhne zu stolzen, selbstbewußten jungen Männern zu erziehen.

»Ich erinnere mich, wie Mutter immer sagte: ›Es gibt nichts, was ihr zwei Jungen nicht könnt‹«, erzählt Bruder Dan.

So groß der Einfluß seiner Mutter erzieherisch auch gewesen sein mag, so steht doch fest, daß sein Vater der bestimmende Faktor in seinem Leben war. In einem Interview wurde er kürzlich gefragt, wie seine Kinder einmal über ihn denken sollten, und er sagte: »So wie ich über meinen Vater denke. Mein Vater hatte ungeheuren Einfluß auf mich, und ich speche noch jetzt jeden Tag mit ihm. Er ist der Typ von Mensch, der einen geborgten Rasenmäher sauber und vollgetankt zurückgibt. Er hat nie etwas übersehen oder versäumt, was meine Person betraf. Ich glaube, das wird mir in diesem Umfang bei meinen Kindern nicht möglich sein, bei dem Beruf, den ich nun einmal habe. Aber ich versuche es.«

Der kleine Kevin, der im Kindergarten nur Unsinn trieb, benahm sich auch auf der High-School nicht viel besser. Während seines Juniorjahres auf der High-School wurde seinem Bruder Dan, der im Vietnamkrieg bei der Marine gedient hatte, eine Tapferkeitsmedaille verliehen. Um bei der Verleihung dabeizusein, mußten seine Eltern nach San Francisco fahren. Sie traten diese Reise ohne Kevin an, der allein zurückblieb.

Er aber lud sofort zehn Freunde zu sich ein. Leider ging

Mutters Couchtisch bei ihren nächtlichen Umtrieben entzwei. Das Geld reichte nicht, um einen neuen zu kaufen. So schlichen sie alle in einen Wohnwagenpark, brachen in ein mobiles Heim ein, tauschten die Couchtische aus, richteten ein Durcheinander an, in der Hoffnung, der Wohnwagenbesitzer würde den kaputten Tisch bei seiner Rückkehr nicht bemerken.

Wie Costner sich erinnert, war sein letztes Jahr auf der High-School eher traurig und deprimierend. Sein geliebter Bruder Dan war weit weg in Vietnam, und er fühlte sich innerlich »sehr durcheinander«. Dazu kam noch, daß er bei einem entscheidenden Baseballspiel drei Schläge verpatzte. Hier machte sich nun zum erstenmal seine Sehschwäche bemerkbar. Bis heute kann er ohne Brille nichts sehen. Gegen Ende des Jahres hatte er heftige Schmerzen in seinen Beinen, die sich aber zum Glück als Wachstumsschmerzen erwiesen.

»Damals wollte ich noch nicht Schauspieler werden; ich dachte gar nicht daran«, erinnert er sich. »Aber wenn ich heute zurückblicke, so gab es genug Anzeichen – das Singen im Chor, die Kirchenmusik, die Gedichte, die Aufsätze – für den Wunsch, kreativ zu sein.«

Sein Bruder Dan empfand die ständigen Umzüge eher als positiv und meint, sie hätten ihnen »die Fähigkeit gegeben, ein inneres Selbstbewußtsein zu entwickeln. Man hat frühzeitig gelernt, sich mit anderen zu messen.«

Waffen übten auf Costner eine gewisse Anziehung aus. Mit fünf Jahren bekam er sein erstes Gewehr geschenkt, eine große Winchester BB. Wie sein Jake in ›Silverado‹, liebte Costner das Gefühl, eine Waffe in der Hand zu halten. Sehr früh schon lernte er, das Gewehr bei der Jagd zu benutzen.

Costner erinnert sich, welchen Gefahren er sich aussetzte, weil er es als kleiner Junge noch nicht besser verstand: »Ich weiß noch, wie ich als kleiner Knirps oft mit meinem Gewehr in der Hand gedankenversunken dasaß. Ein Wunder, daß ich noch am Leben bin. Ich kroch durch Tunnels und Bewässerungsgräben. Ich hatte keine Ahnung, wo ich herauskommen würde. Aus meiner Sicht sehr abenteuerlich. Meine Mutter bekam mich erst zu Gesicht, wenn ich bei Dunkelheit nach Hause kam. Ihre einzige Bedingung war: ›Geh bloß nicht in deinen Schulkleidern weg.‹«

Seine Vorliebe für Waffen und die freie Natur steigerten seine Bewunderung für Naturburschen, die auf der Leinwand heldenhaft für das Gute kämpften. »Ich bewundere viele, die vor mir waren. Ich möchte, daß meine Kinder sich vorstellen, ich wäre wie Spencer Tracy. Als mein Bruder und ich sieben oder acht Jahre alt waren, holte mein Vater oft die Gewehre heraus, und ab ging es in die Berge, nur wir drei.«

Costner erzählt weiter über seinen Vater: »Er war mein Lehrer. Er sprach über Treue und Freundschaft und daß man stets gut sein sollte. Das hat nichts mit Pfadfinderidealen zu tun. Wahrheitsliebe und all das ist immer aktuell.« Costner versucht daher stets, den Charakteren, die er auf der Leinwand verkörpert, die Aura des idealisierten Helden zu geben, den er seit jeher bewundert.

Es schmerzte Kevin sehr, daß sein Bruder nach Vietnam mußte. Um darüber hinwegzukommen, begann er zu schreiben. Dan schickte ihm Briefe und Tagebuchaufzeichnungen. Costner war von den Erlebnissen seines Bruders so erschüttert, daß er unter Zugrundelegung seiner Aufzeichnungen versuchte, ein Buch zu schreiben. Wie bei so vielen Menschen war das Kino für Costner ein Mittel, um der Realität des Lebens zu entfliehen, das jetzt voller Einsamkeit und Probleme war. Ein Gefühl der Hilflosigkeit und Verlorenheit setzte sich in ihm fest. Aus den Filmen holte sich der junge Costner wahrscheinlich auch seine ersten Anleitungen für den Umgang mit dem weiblichen Geschlecht, bei dem er später so großen Anklang finden sollte. Zu dieser Zeit war er Mädchen gegenüber noch scheu und gehemmt.

Er erinnert sich noch sehr genau, daß er damals, als er sich so unglücklich fühlte, sehr oft ins Kino ging. »Große Heldentaten, bewegende Liebesgeschichten gingen mir durch und

durch«, sagt er. »Besonders faszinierten mich aber Konfliktsituationen, das Dilemma. Für mich ist Drama Dilemma – der
Kampf, etwas *nicht* zu tun. Es ist ein Dilemma, wenn man
eine Frau küssen möchte und es nicht tut. Wenn man es tut,
ist es Action. Action ist gut. Ich weiß dann, um was es geht.
Aber man muß erst einmal wissen, woher sie kommt.«

Wenn man unsicher und nur ein Meter sechzig groß ist,
braucht man nicht lange nachzuforschen, woher dieses
Dilemma beim Küssen kam. Nach seinen heißen Liebesszenen in ›No Way Out – Es gibt kein Zurück‹ und ›Annies
Männer‹ (›Bull Durham‹) wissen wir, daß es für Sexsymbol
Costner beileibe kein Thema mehr ist, ein Mädchen zu küssen. Aber trotzdem impften ihm Dialoge und Plots aus den
Filmen seiner Jugendzeit eine bestimmte Moral ein und
einen klar abgegrenzten Begriff von Gut und Böse. Dazu
kamen noch seine Erziehung als Baptist und seine kleinstäd-
tischen Ansichten über Anstand und Schicklichkeit.

Obwohl er besagtes Dilemma gemeistert hat, sieht sich
Costner immer noch als Einzelgänger und Außenseiter.
Selbst als er in der Filmindustrie Fuß faßte und ein angese-
ner Star wurde, verließ ihn nie das Gefühl, von außen zuzu-
sehen.

Er bemerkt: »Ich befand mich immer außerhalb der Filmindustrie; als ich schließlich fest entschlossen war, Schauspieler zu werden, wußte ich überhaupt nicht, wie ich hinein-
kommen und wo ich anfangen sollte. Ich lebte in einer Stadt,
die als Mekka der Filmwelt bezeichnet wird, aber mir
erschien sie fremd und unerreichbar. Sie hatte für mich etwas
Undurchdringliches. Ich habe immer noch meinen alten
Freundeskreis... ich wohne nicht in Beverly Hills; wir haben
noch das gleiche Haus, das wir vor zehn Jahren in La Canada
gekauft haben... Das Haus, in dem ich gerne leben möchte,
würde sieben Millionen Dollar kosten, und das Geld habe ich
nicht. Ehrlich.«

Auch wenn Costner der Meinung ist, während seiner
High-School-Zeit unbeachtet geblieben zu sein, gibt es doch

ein paar Mädchen, die ihn als etwas Besonderes in Erinnerung haben. Peggy Stevenson, die mit Costner in die gleiche Klasse der Villa Park High-School ging, sagt: »Ich hielt Kevin damals schon für freundlicher und sensibler als die anderen Schüler. Sein Übergang vom Sport zum Film läßt diese Eigenschaften durchschimmern.« Costner vollzog diesen Wechsel langsam und gründlich und findet, daß es charakteristisch für ihn sei. Er bezeichnet sich selbst gern als ›bedächtig‹. Und er ist der festen Überzeugung, daß Naivität manchmal von Vorteil sein kann.

Zum Beispiel erzählt er eine kleine Geschichte, die zeigt, wie sehr er gegenüber seinen Mitschülern im Hintertreffen war, wenn es um das ging, was ›die Vögel und Bienen‹ tun. Er berichtet: »Ich war, glaube ich, in der siebten oder achten Klasse. Der Mitschüler, der neben mir saß, sagte mir, er hätte sein Mädchen gevögelt, und ich sah ihn an und sagte: ›Ja. Okay.‹ Dann sagte er noch mal: ›Ich habe sie richtig gevögelt.‹ Was war ich froh, daß ich den Mund nicht weiter aufmachte, denn ein paar Tage später kam ich dahinter, was mit ›gevögelt‹ gemeint war. Das habe ich nie vergessen, weil mir klar wurde, wie unwissend ich in manchen Dingen bin. Ich glaube, ich war immer schon eine Schildkröte, die bedächtig und langsam dahintrottet. Es überrascht mich nicht, daß mir alles erst viel später passierte. Wie bei einem Spätentwickler. Aber jetzt bin ich am Ziel, da, wo ich immer hinwollte. Bezeichnend für mein Leben ist, daß ich mich stets im Hintergrund gehalten habe und erst wenn ich ganz sicher war, daß ich wußte, worum es ging, habe ich gehandelt.«

Costner meint, wenn es so etwas wie eine Reinkarnation gäbe, dann wäre er in seinem vorigen Leben bestimmt Pionier gewesen. Er fühlt sich mit den Menschen aus dem damaligen Westen seelenverwandt. Sie lebten zu einer Zeit, in der ein Mann ein Mann war und der Lauf der Waffe für Recht und Ordnung sorgte. Nach seinem Abschluß auf der High-School baute sich Costner ein Kanu und folgte der gleichen Route, die Lewis und Clark bei ihrer berühmten Expedition zum Pazifik eingeschlagen hatten.

Als er Regie bei ›Der mit dem Wolf tanzt‹ führte, dachte Costner über seine Eindrücke und Gefühle während dieser Reise nach. »Wissen Sie, daß sich Amerikaner, die ein fremdes Land betreten, oft sofort zu Hause fühlen? Also, ich würde sagen, auf einer Landstraße zum Beispiel fühlt man sich immer gut. Die Vorstellung, daß ein Mann mit seinem Pferd losreitet und alles, was er braucht, bei sich hat, also völlig autark ist, finde ich wirklich romantisch. Als ich achtzehn war kehrte ich Los Angeles den Rücken, baute mir ein Kanu, mit dem ich dann die Flüsse wie Lewis und Clark abwärts paddelte, um den Pazifik zu erreichen. So ist es nicht weiter verwunderlich, daß ich einen Film über dieses Thema mache, über Amerika und den Amerikaner. Die Geschichte Amerikas hat für mich einen besonderen Stellenwert.«

Nach seinem Abschluß an der Villa Park High-School 1973, schrieb sich Costner an der California State University in Fullerton ein. Seine Hauptfächer waren Finanzwesen und Marketing. »Ich machte mein Abschlußexamen nach viereinhalb Jahren«, sagt er. »Was keiner meiner Kommilitonen schaffte. Sie brauchten alle fünf oder sechs Jahre. Aber ich wußte nicht, warum ich auf die Universität ging, und wollte mein Studium daher so schnell wie möglich hinter mich bringen.« Anfang 1978 trat Costner der South Coast Actors Co-op bei. Er spielte in verschiedenen Gemeindetheater-Produktionen mit, war aber noch nicht mutig genug, den Sprung in die Filmindustrie zu wagen. Er besuchte weiterhin seine Vorlesungen, war aber nicht mit dem Herzen dabei – und er wußte wirklich nicht, was er dort sollte. Er tat es eigentlich nur seinen Eltern zuliebe, die für Costners Lebensunterhalt und seine Studiengebühren aufkamen.

Was dem Collegestudenten wirklich den Anstoß gab, Schauspieler zu werden, war ein Inserat in der Collegezeitung, in dem Darsteller für ›Rumpelstilzchen‹ gesucht wurden. Er hatte gerade Unterricht in Buchhaltung und langweilte sich, als sein Blick auf die Anzeige fiel.

»Das war der Moment, in dem ich beschloß, Schauspieler zu werden«, sagt er. »Ich blickte nie mehr zurück. Mein Atem ging noch nie so leicht und ruhig. Ich war gelöst. Jetzt brauchte ich nur noch zu lernen.«

Bei den Proben für ›Rumpelstilzchen‹ wurde Costner bewußt, wie wenige Märchen er überhaupt kannte. Er war nicht sicher, ob in diesem Märchen ein Prinz vorkam. Da aber in den meisten Märchen irgendwann ein Prinz auftaucht, wagte er den Versuch. Von diesem Augenblick an konnte kein Mensch der Welt Kevin Costner davon abbringen, seiner großen Liebe zu folgen.

Er mußte sein Handwerk lernen, wollte er die Straße zu Ruhm und Reichtum beschreiten. Ein dornenreicher Weg lag vor ihm, aber wie in der Geschichte vom Hasen und der Schildkröte, überholte Costner viele seiner Kollegen, die jahrelang die Schauspielerei erlernten.

Es war bestimmt keine einfache Zeit für ihn. Kleine, untergeordnete Gelegenheitsjobs konnten ihm nicht aus seiner ständigen Geldknappheit retten, und oft mußte er seinen Vater um finanzielle Unterstützung bitten, der seinem Sohn deswegen Vorhaltungen machte. Costner erinnert sich noch, wie sehr ihn dieser Umstand bedrückte, daß er seinem Vater gefallen wollte und sich wünschte, daß dieser seinen Entschluß guthieß. Bill Costner hingegen war viel zu konventionell, um damit einverstanden zu sein. In seinen Augen war es ein Fehler, einen guten Job wegzuwerfen, den ihm sein langjähriges Studium und sein Collegeabschluß eingebracht hätten. Seine Mutter zeigte vielleicht etwas mehr Geduld und Verständnis, teilte aber Bill Costners Meinung.

Trotz dieser Schwierigkeiten war es eine sehr ereignisreiche Zeit für den zukünftigen Star, nicht nur, weil er seine schauspielerischen Fähigkeiten verbesserte und sein Examen bestand, sondern auch weil er Cindy Silva, eine Collegestudentin der Delta Chi-Verbindung kennenlernte, sich in sie verliebte und sie heiratete. Es war im März 1975, als das Märchen zwischen Kevin und Cindy Costner begann. Cindy erinnert sich, als sie ihrem zukünftigen Mann zum ersten Mal begegnete: »Die Situation war ziemlich verzwickt für mich an diesem Abend, denn ich ging zu dieser Zeit mit einem anderen Jungen, und auf diese Party hatte ich seine Schwester mitgenommen. Dann sah ich Kevin. Ich mußte ihn immer wieder ansehen, aber es durfte nicht auffallen. Er forderte mich zu einem Tanz auf, dann ging er weg, und dann tanzten wir wieder, und er ging wieder weg. Wir tanzten fünfmal. Sein Haar war glatt nach hinten zurückgekämmt, und über seinen Schultern hing ein Pullover. Er sah einfach *süß* aus. Aber dann ging es wie bei Cinderella weiter. Es war 22.30 Uhr, und ich mußte gehen. Zu Hause weckte ich meine Mutter.« Cindy konnte damals nicht ahnen, daß der süße Junge eines Tages einer der gefragtesten Hauptdarsteller der Welt werden würde.

Ihr Märchenprinz erinnert sich noch gut an seine Verzauberung, als er seiner zukünftigen Braut begegnete. »Ich habe mich nicht oft mit Mädchen verabredet, schon gar nicht, um mich mit ihnen zu amüsieren, denn Mutter sagte immer: ›Es gehört nicht viel dazu, sich zu verlieben, aber gehe nie mit einem Mädchen, daß du nicht heiraten möchtest.‹ Wenn der Samstagabend kam und die Jungs noch keine Verabredung mit einem Mädchen hatten, spielten sie verrückt. So etwas habe ich nie mitgemacht. Ich habe mir einfach eins aufgegabelt und war mehr oder weniger an leichte Mädchen gewöhnt, mit denen man sich ganz gut unterhalten konnte. Aber als Cindy hereinkam... sie sah einfach bildschön aus, unverdorben, und da war so ein Leuchten um sie... sie hatte große, liebe Augen.« Seiner Natur entsprechend würde es bei diesem schüchternen jungen Mann eine Weile dauern, bis er allen Mut zusammennahm und sein Hauptdilemma überwand – und das Mädchen mit den ›großen, lieben Augen‹ endlich küßte.

In Wirklichkeit liest sich das Märchen von Cinderella mehr wie das von Schneewittchen und den sieben Zwergen. Nachdem sie sich auf dieser Tanzparty kennengelernt hatten, waren die beiden ein Paar. Während der Semesterferien im Sommer ging Kevin zum Lachsfischen oder half auf Baustellen aus, und Cindy zog ihr Schneewittchenkostüm an und arbeitete im Disneyland inmitten der Zwerge und Touristen. Im Herbst kehrten sie wieder nach Fullerton zurück und fielen sich in die Arme. (Im Mai 1989 wurde der Disney-MGM Studio Park eröffnet. Alte Erinnerungen wurden wach, als beide an den Festlichkeiten teilnahmen.)

Das Paar heiratete 1978. Kevin war 23 Jahre alt. Sie lachen heute noch beide, wenn sie daran zurückdenken, daß der heißbegehrte Leinwandheld erst einen Monat nach ihrem Kennenlernen merkte, daß Cindy in ihn verliebt war.

Nachdem Kevin sein Abschlußexamen am College bestanden hatte, nahm er bei einer Baufirma eine Stelle an, die er aber nach einem Monat kündigte. Als seine frisch angetraute Ehefrau eines Tages von der Arbeit nach Hause kam, sah sie ihren Mann mit Papier und Federhalter am Schreibtisch sitzen. Er erklärte kurz und bündig, daß er seinen Job aufgegeben hätte, um jetzt Schauspieler zu werden. Er hatte keine Kontakte zu Hollywood, keinen Agenten, aber er war wild entschlossen. Er vermied es absichtlich, sofort sein Endziel Hollywood anzustreben, und verdiente sich seine ersten Sporen überall da, wo sich ihm eine Möglichkeit bot. Er gibt zu, daß er sich manchmal fragte, ob es in seinem Alter nicht bereits zu spät wäre, den Traum, Schauspieler zu werden, zu verwirklichen. Er bemerkt: »Erst mit zweiundzwanzig entschloß ich mich, Schauspieler zu werden. Vor mir lag eine langweilige Busineß-Karriere. Ich mußte mich buchstäblich am Riemen reißen, denn insgeheim befürchtete ich, daß es bereits zu spät wäre, um diesen Weg einzuschlagen. Im allgemeinen weiß jeder, was er werden will, wenn er das College verläßt. Eine Tatsache, die ich akzeptierte. Aber dann hörte ich auf meine innere Stimme, die zu mir sagte: ›Los,

Mann, tu es.‹ Und die Gegenstimme: ›Werde endlich erwachsen.‹ Und die erste riet mir wieder, etwas unglaublich Verrücktes zu tun.«

Der Druck, zu früh im Leben seine Weichen stellen zu müssen und zu wissen, was man will, kann bei manchen Menschen dazu führen, daß sie eine berufliche Laufbahn oder eine Lebensart wählen, die sie dann für den Rest ihres Lebens bedauern, glaubt Costner. Eine solche Enttäuschung sollte dem jungen Mann erspart bleiben, der seinem eher vorsichtigen Vater schon von Kindesbeinen an erklärt hatte: »Sag mir nie, daß ich etwas nicht kann.«

Costner schloß sich bald einer Gruppe von Schauspielern und Drehbuchautoren an, die seine Träume teilten, aber die meisten dieser Verbindungen zerbrachen an seiner etwas zu ›altmodischen Einstellung‹.

»Ich brach alles hinter mir ab, und anstatt als Barkeeper zu arbeiten, arbeitete ich als Stage Manager in einem Filmstudio – ich dachte mir, wenn ich schon die Abfälle wegräume, dann wenigstens *Film*-Abfälle«, sagt er lachend. »Ich gehörte auch einer Gruppe Schauspieler und Drehbuchautoren an.« Costner war der Auffassung, daß er sich in diesem Stadium seiner Entwicklung mit Menschen umgeben müsse, denen nicht unbedingt daran gelegen war, viel Geld zu verdienen.

Trotzdem war es für ihn und Cindy oft frustrierend, wenn sie sahen, wie die Freunde um sie herum beruflich erfolgreich waren. Wenn ihn Bekannte oder Verwandte fragten, was er nach seinem Collegeabschluß täte, schockierten ihn ihre Reaktionen oft, die entweder ungläubig oder in ihrer Kritik äußerst unangenehm waren. »Jeder dachte, ich wäre verrückt«, sagt er, »alles hinzuschmeißen, wofür ich studiert hatte.« Costner und seine Frau hatten es schwer, bei anderen Verständnis zu finden. So konzentrierten sie sich auf ihr eigenes Leben und ihre Ziele, und Kevin widmete sich weiterhin unbeirrt seiner Ausbildung zum Schauspieler.

Sein Bruder erinnert sich, daß Kevin sich ein Limit von fünf Jahren gesetzt hatte, um seine Träume zu verwirklichen, aber Costner sagt heute, daß er sich für dieses Ziel nie in irgendeiner Form eine zeitliche Begrenzung auferlegt hätte. Er sei so glücklich darüber, daß er seinem Herzen gefolgt sei, und er hätte noch nie so in Frieden mit sich selbst gelebt.

Aber die Wirklichkeit sah nicht sehr rosig aus. Er und Cindy mußten ihren Lebensunterhalt finanzieren. Er versuchte, nicht nur als Schauspieler ›anzukommen‹, sondern war auch in den ersten ein, zwei Jahren bestrebt, seine Entwicklung und Erfahrung als Schauspieler voranzutreiben, um eine Rolle übernehmen zu können.

Zum Abschluß seiner Jugendzeit und seiner eigenen Vorstellungen, den ›Durchbruch‹ zu schaffen, lasse ich Costner selbst zu Worte kommen:

»Ich bin *erstaunt*, daß ich dahin gekommen bin, wo ich jetzt bin. Ich verstehe nicht, warum man so verdammt viel Aufhebens um mich macht und warum uns so viel Geld zufließt. Es gibt eine Menge Schauspieler, die so gut sind wie ich oder noch besser. Ich bin glücklich, daß es so gekommen ist, aber ich verstehe es nicht. Mein Werdegang erklärt das bestimmt nicht. Obwohl ich schon als kleiner Junge das Kino liebte – mein Gesicht brannte bei jedem Film vor Aufregung – und ich auf der Leinwand dabeisein wollte, weiß ich nicht, warum. Ich dachte, diese Menschen wären als Schauspieler auf die Welt gekommen. Ich ahnte nicht, daß ich jemals in ihre Haut schlüpfen würde. Es machte mir nur Spaß, mich in sie hineinzuversetzen. Ich war der festen Überzeugung, einmal den Weg meines Vaters zu gehen – ein Mann mit einem Job und einem festen Gehalt, wie die meisten Männer. Nichts hatte mich darauf vorbereitet.«

Zweites Kapitel

Die Anfänge

Die Initialzündung, Schauspieler zu werden, wurde bei Kevin Costner wahrscheinlich von keinem anderen als Richard Burton ausgelöst. Costner erzählt: »Auf meiner Hochzeitsreise, kurz nach meiner Graduierung, traf ich Richard Burton im Flugzeug auf der Rückreise von Puerto Vallarta. Ich dachte, er wäre in dieses Flugzeug gestiegen, um sich mit mir zu unterhalten, aber er hatte sämtliche Plätze um seinen Sitz herum aufgekauft. Endlich ging ich zu ihm hin und sagte: ›Ich hätte Sie gern um einen kleinen Rat gebeten.‹ Wir fanden uns sofort sympathisch und unterhielten uns angeregt. Schließlich wollte ich von ihm wissen, ob er es für möglich hielte, ein anständiger Kerl zu bleiben und trotzdem in dieser Branche tätig zu sein. Und er antwortete, er dächte schon und ich solle es probieren. Dann sagte er: ›Sie haben grüne Augen, stimmt's? Ich habe auch grüne Augen.‹ Was ich an ihm mochte, war, daß er mit keiner Silbe erwähnte, was für ein harter Beruf es sei. Das allgemein Übliche ließ er aus.«

Costner würde das ›allgemein Übliche‹ auf seinem Weg nach Hollywood während der nächsten Jahre am eigenen Leibe erfahren. Mit Opfern und Kämpfen erreichte er sein Ziel, Schauspieler zu werden. ›Das Opfer der Schneideräume‹ war Kevin Costners Spitzname in den Jahren, wo er sich als Schauspieler durchzuboxen versuchte. Ein Name mit einem bitteren Beigeschmack. Bei mindestens fünf Filmen, in denen Costner in einer Mini-Rolle oder als Statist mitwirkte, landete er im Schneideraum. Seine Szenen wurden kurzerhand herausgeschnitten.

Photo: Greg Gorman *Gamma Liaison*

›Gunrunner‹ *Kinoarchiv Engelmeier*

›Gunrunner‹ *Kinoarchiv Engelmeier*

Als sich das Ende seiner Ausbildung am College näherte, beschloß er, Schauspieler zu werden. Er trat der South Coast Actors Co-op bei, wo er Rollen einstudierte und bei einigen Aufführungen des Gemeindetheaters mitwirkte. »Ich wußte nicht genau, ob ich den Mut dazu haben würde. Man hatte mir immer eingetrichtert, daß Erfolg etwas mit Üben, Üben und nochmals Üben zu tun hätte – was ich, weiß der Himmel, nicht getan hatte. Aber dann stellte ich fest, daß mein Leben mit zweiundzwanzig Jahren noch nicht in einer Sackgasse steckte«, erinnert er sich. Nach seiner Graduierung an der California State University arbeitete Costner knapp einen Monat bei einer Baufirma im Marketing-Bereich. Er erinnert sich der widersprüchlichen Gefühle, die ihn damals überfielen. »Ich war durcheinander. Ich wußte nicht, was ich mit meinem Leben anfangen sollte. Ich wußte, daß ich weder der Mann im grauen Flanell noch der Verkäufer von 9 bis 17 Uhr war. ›Lieber Gott, gib mir einen Hinweis!‹ Zu dieser Zeit war ich verheiratet, nahm Gelegenheitsjobs an und Schauspielunterricht. In den Kursen gab es Momente, wo ich mich stark fühlte – stark wie ein Bär. Ich spürte in diesem Moment, daß ich gut war. Und da wußte ich, was ich werden wollte.« Costner mußte etwas unternehmen, wenn er die Leere in seinem Inneren ausfüllen wollte. Er merkte bald, daß er mit seinem guten Aussehen und seinem Charme leicht durchkommen konnte. »Ich sagte zu mir selbst, ›Junge, du schlidderst einfach nur mit deinem Charme und deiner genialen amerikanischen Ader durchs Leben.‹ Und da saß ich mit meinem Marketing. Eine weiße Ratte hätte das tun können, was ich machte. Ich betete um einen Hinweis. Ich brauchte festen Boden unter den Füßen. Geld zu verdienen, war nicht das Problem. Arbeiten war nicht das Problem. Was mir fehlte war die Berufung. Die Liebe zum Leben.«

Der Job bei der Baufirma war im Grunde nur dazu da, daß Costner seinem Vater den Gefallen tun konnte, den traditionellen Weg zum Erfolg zu gehen und seinem Leben Stabilität zu geben. Obwohl Costner seinem Vater zuliebe versuchte, das ›Richtige‹ zu tun, gewannen doch seine inneren Wünsche und Ziele die Oberhand. Sein Studium und Abschluß auf dem College beweisen, daß er die ehrliche Absicht hatte, eine Laufbahn im Sinne seines Vaters einzuschlagen, bevor er sich endgültig für den Werdegang als Schauspieler entschied. Er nahm einen ganz normalen Job an. Er meint: »Ich habe nicht alles weggeworfen, wofür ich gearbeitet habe – weil ich mir nicht sicher war, ob ich nur vor dem Leben und der Welt davonlaufen wollte. Also nahm ich bei der Baufirma diesen Job an, der mit ›Marketing‹ bezeichnet wurde, was aber nur eine bessere Umschreibung für ›Verkauf‹ war.«

Schließlich war es ihm unmöglich, den Aufruhr in seinem Inneren und die Stimme seines Herzens noch länger zu unterdrücken. Costner kündigte. Er gibt zu, daß er ein schlechtes Gewissen hatte. Er war scheu und nervös, wenn er damit herausrücken mußte, daß er Filmschauspieler werden wollte. Die Reaktion seiner Frau war völlig normal, wenn man bedenkt, daß er ihr nicht die kleinste Warnung vor seinem plötzlichen Kurswechsel gegeben hatte. »Ich habe nach dreißig Tagen gekündigt«, erinnert sich Costner. Ein Monat nach seinem Arbeitsantritt bot sich der heimkehrenden Cindy ein ungewöhnliches Bild. Kevin saß im Wohnzimmer inmitten Dutzender kleiner Notizen. Was er denn hier mache, wollte die überraschte Ehefrau wissen. Kevin erinnert sich an den nun folgenden Dialog: »Ich habe gekündigt. Cindy fragte mich: ›Was willst du jetzt machen?‹ ›Ich möchte Schauspieler werden‹, sagte ich. ›Was noch?‹ fragte sie kurz. ›Und Schriftsteller. Ich arbeite an einem Drehbuch‹, antwortete ich. ›Schriftsteller!‹ schrie sie. ›Du hast doch keine Ahnung von Rechtschreibung!‹ Sie fegte alles vom Tisch, und wie bei einem Cartoon flogen die Zettel in der Luft herum«, fügt er hinzu. Cindys Reaktion beweist, wie schwer es ist, einen geliebten Menschen zu unterstützen, wenn er sich ausgerechnet auf das Wagnis eingelassen hat, Filmschauspieler zu werden. Wie Walt Disneys Frau Lilly völlig außer sich geriet, als ihr Mann von einem ›Amusement Park‹

fantasierte, war Cindy nicht weniger erschrocken und verunsichert. Wie Leonhard Mosley in seinem Buch ›Disney World‹ schreibt: ›Lilly machte ihm ihre Bedenken in einer der schärfsten Auseinandersetzungen ihrer Ehe klar. Es gelang ihr nicht, ihn umzustimmen, aber sie verschaffte ihm einige schlaflose Nächte und erklärte rigoros, daß er sich einen Mißerfolg nicht leisten könne.‹ Walt Disneys Bruder, der finanziell zur Hälfte an seinem Unternehmen beteiligt war, riet ihm ebenfalls davon ab. Ein schrecklicher Gedanke, wenn dieses Projekt gescheitert und uns einer der ›fröhlichsten Plätze‹ der Welt entgangen wäre. Dieser Mangel an Vertrauen und Glauben kann für einen Menschen mit einer Traumvorstellung enttäuschend sein, wo er doch nichts anderes will, als die Welt zu verbessern und die Menschen glücklich zu machen. Costner tut gut daran, sich sein eigenes Motto ins Gedächtnis zurückzurufen: Wenn man Künstler ist, sollte man sich mit Träumern umgeben. Es ist nebenbei interessant zu erwähnen, daß die Costners mit dem dreijährigen Kevin Disneyland besuchten. Kevin rannte dort aus Versehen gegen die Knie eines Herrn. Als sich seine Eltern dafür entschuldigten, entdeckten sie, daß die Knie keinem Geringeren als Walt Disney selbst gehörten.

Costner hat seine Zweifel und Ängste über die Ungewißheit seiner Zukunft in diesem Abschnitt seines Lebens nie vergessen. Bei einem UCLA-Vortrag im Jahr 1989 erinnerte er die Studenten noch einmal daran: »Ganz gleich, was Sie im Augenblick machen, Sie können mit zweiundzwanzig oder mit achtzehn umsteigen. Es ist nur wichtig, daß Sie das wissen. Wenn Sie den Wunsch haben, etwas Bestimmtes zu tun, dann *müssen* Sie es tun. Sie können keinem anderern als Ihrer eigenen Stimme folgen ... Als ich mich entschloß, Schauspieler zu werden, habe ich nicht mehr zurückgeblickt.« Aber wenn Costner zurückblickt, dann weiß er, wie wenige seinen Entschluß, Schauspieler zu werden, unterstützt haben. »In meinem Bekanntenkreis dachte jeder, ich würde in der Marketing-Branche zum Senkrechtstarter werden. Und dann rückte ich völlig unerwartet mit der Idee heraus, in Hollywood mein Glück als Filmschauspieler zu versuchen.« Kevin Costner scheint nur seinem Instinkt gefolgt zu sein, als er nicht wußte, welche Richtung er auf seinem beruflichen Werdegang einschlagen sollte.

Jim Wilson, der später sein Co-Produzent werden sollte, wundert sich noch immer, wie Costner in der erbarmungslosen Welt der Filmindustrie überleben konnte, für die er kaum, oder besser gesagt, überhaupt nicht vorbereitet war. »Ich weiß nicht, woher er seinen Instinkt hatte. Seine Herkunft und Erziehung hatte jedenfalls nichts damit zu tun. Er war nicht sehr belesen, war ein mittelmäßiger Schüler, aber er hatte eine große Portion gesunden Menschenverstandes, hatte Menschenkenntnis und Lebenserfahrung. Eigenschaften, die viele Anwärter in diesem Metier nicht besitzen, obwohl sie die richtige Schule oder ein Elite-College besucht haben. Sie haben eben nicht das gleiche Rückgrat wie er.« Rückgrat und ein guter Instinkt halfen zwar manchem Helden kurzfristig aus der Patsche, aber wenn Costner diese Eigenschaften nicht mit einem fachlichen Wissen untermauert, könnten ihm, langfristig gesehen, doch manche Fehler unterlaufen.

Costner gibt zu, daß er diese Befürchtungen bei seinen Anfängen als Schauspieler hatte, aber er ließ sich dadurch nicht abschrecken. »Ich glaube, daß ich ein Risiko einging. Aber ich war überzeugt, daß es ein größeres Risiko gewesen wäre, nicht das zu tun, wozu mir mein Verstand und Herz rieten. Ich hatte zwar kein Erfolgsrezept, aber ich wäre nie zurückgegangen. Niemals.« Ohne Agent, das fand Costner bald heraus, stand er in Hollywood in längeren Warteschlangen, als bei den Einschreibungen fürs College. Aber er wußte, daß sein Tag kommen würde, und nutzte die Wartezeit. Im Verlauf der nächsten sechs Jahre nahm er privaten Schauspielunterricht, schloß sich Workshops an und wirkte in einigen Filmen von Schauspielschülern mit.

In den ersten sechs Monaten war er arbeitslos. Er erinnert

sich noch lebhaft an diese Zeit. »Ich verbrachte meine Tage mit Vorsprechen und der Suche nach einem Job beim Film – um in der Nähe der Ateliers und der Schauspieler zu sein.« Endlich fand Costner eine Stelle als Stage Manager bei den begehrten Raleigh-Studios in Hollywood, und bei den Zoetrope-Studios war er als Statist eingetragen. Eine damalige Besetzungschefin bei Zoetrope, Jane Jenkins, erinnert sich an Costner. »Jemand rief an und erzählte mir von einem jungen Mann, der wirklich nett wäre, blendend aussähe, und sagte, wir sollten ihn als Statisten oder was immer einsetzen. Kevin kam rüber, und er war der hochgewachsene, junge Mann, der blendend und smart aussah. Also haben wir ihn für ›Frances‹ genommen«, sagt sie. Costner und der Regisseur von ›Frances‹, Graeme Clifford, hatten Meinungsverschiedenheiten, und Costners Szenen landeten auf dem Boden des Schneideraums.

›Frances‹ war Costners erster Mini-Part. Seine Rolle, die ihm einen ›Einzeiler‹ bescherte, war nicht kompliziert, zeigte aber bereits seine perfektionierte Darstellung, für die er berüchtigt ist. ›Frances‹ war Costners erste Rolle, bei der er einen Satz zu sprechen hatte, und das bedeutete, daß er nach sechsjährigen Versuchen sich endlich eine Sprechrolle erkämpft hatte, die wiederum erforderlich war, um in den Besitz des Mitgliedsausweises der Screen Actors Guild zu gelangen. Auf den Rat einiger, doch Werbespots zu machen, erwiderte er: »So einfach ist das nicht.« Keiner wußte, was er damit meinte. Der Regisseur von ›Frances‹ und ganz Hollywood sollten bald dahinterkommen, was damit gemeint war.

›Frances‹ war die alptraumhafte Geschichte der Schauspielerin Frances Farmer. Dieser Film verhalf vielen jungen Schauspielern zu einer Sprechrolle und damit zu dem begehrten SAG-Mitgliedsausweis. Costner sollte den Part des Schauspielers Luther Adler spielen. Endlich war der Moment gekommen, wo Clifford ihn mit dem unheilvollen Satz aufforderte :»Kevin, komm rauf und sag Frances gute Nacht.«

»Nein«, sagte Costner lakonisch.

»Warum nicht?« fragte der verblüffte Regisseur.

»Er hätte das nicht gesagt.«

»Was?« zischte der Regisseur, der seinen Ohren nicht traute, daß dieser Niemand von jungem Schauspieler seinen einzigen Satz als falsch interpretiert bezeichnete.

»Luther würde das nicht tun. Er tritt jeden Abend mit Frances in diesem Stück auf. Sie kommen aus der Bühnentür, er geht seinen Weg, sie ihren. Er hat keine Veranlassung, ihr ›gute Nacht‹ zu sagen. Er würde nur freundlich mit dem Kopf nicken.«

Diese Äußerung irritierte den Stab und ein lautes, unwilliges Gemurmel erhob sich, als ob jeder im Chor sagte: »Nun sprich doch schon diesen Scheißtext!«

Bei vollem Scheinwerferlicht und laufender Kamera trat Costner aus der Tür. Jessica Lange, die Frances Farmer spielte, drehte sich zu ihm um. Und er ging einfach weiter – ohne ein Wort zu sagen.

»Sie haben etwas zu *sagen*«, ermahnte ihn der Regieassistent, der seinem Boß einen Migräneanfall ersparen wollte und außerdem versuchte, dem unerfahrenen Filmneuling den Mitgliedsausweis bei der SAG zu verschaffen.

Beim nächsten Takt änderte Jessica Lange ihre Taktik. Statt auf ihn zuzugehen, winkte sie ihm zu. Costner fand das sehr gut und hielt erst recht eine gesprochene Antwort für völlig überflüssig. Nach dem Method-Style-Acting der Workshops winkte er nur zurück.

Diesmal tobte der Mitarbeiterstab. Als die vierte Klappe gefallen war, herrschte am Set tödliche Stille. Die Techniker beschlossen, bei Costner ein Körpermikrophon anzubringen, aber er sprach absichtlich so leise, daß fast nichts zu hören war. Erst in den frühen Morgenstunden um vier Uhr bestätigten die Tontechniker endlich, daß Costner seinen Satz »Gute Nacht, Frances« gesprochen hatte.

Man ist geneigt, Costner zu bewundern, weil er versuchte, seinen einzigen Satz mit der Begründung wegzulassen, daß er »nicht zum Charakter« passe, sollte ihn aber auch für seinen Mangel an Einsicht kritisieren, am Anfang seiner Karriere eine Gruppe so mächtiger Filmprofis zu verärgern. Er wurde nicht für den Film genommen, um zu spielen, sondern um die Mitgliedschaft der SAG zu erlangen. Und außerdem sprach er seinen Satz schließlich doch. Also fragt man sich, ob es ihm hier wirklich nur ums Prinzip ging. Costner hätte sich doch einfach weigern können, diese Zeile zu sprechen – zum Teufel mit dem SAG-Ausweis –, anstatt die Menschen zu brüskieren, die versucht haben, seiner Karriere auf die Sprünge zu helfen. Dieser Vorfall kann auch nicht als Beispiel dafür gelten, daß Costner klein beigegeben hätte, damit es einfach ›weitergeht‹. Er charakterisiert vielmehr eine arbeitsbezogene Situation, bei der Costners Motto, »um jeden Preis standhaft zu bleiben«, schon viele seiner Kollegen aufs äußerste strapaziert hatte. Costner muß noch herausfinden, daß ›Standhaftigkeit‹, wenn sie ihm selbst schadet (er hätte beinahe seinen SAG-Ausweis eingebüßt) oder anderen schadet (zum Beispiel die unnötigen Kosten, die dem Produzenten von ›Frances‹ für die Wiederholungen der Szene entstanden sind), wirklich nicht mehr als das zu bezeichnen sind – sondern schlichtweg als Sturheit.

Dazu sollte man noch sagen, daß dadurch unnötige Streßsituationen entstehen, die das Leben im Scheinwerferlicht Hollywoods nicht gerade erleichtern. Costner erinnert sich, wie ihm damals zumute war, als die Szene endlich im Kasten war. »Ich ging zum Bus – dem Bus für die Statisten – und saß da ganz allein und kam mir wie ein komplettes Arschloch vor«, gibt er mit der für ihn typischen Offenheit zu. »Mir war zum Heulen zumute. Ich sagte zu mir: ›Verdammte Scheiße, was ist mir dir los?‹ Was ist denn so beschissen schwer dabei, diesen Satz zu sprechen?« Als seine Lebensgeister an diesem Tiefpunkt waren, kam der freundliche Regieassistent zu Costner und hielt ihm ein Formular zur Unterschrift hin. Costner erinnert sich, als er dachte, das ist bestimmt ›Willy Wonkas goldene Eintritts-karte‹. Mit seiner Unterschrift erhielt er den begehrten SAG-Ausweis.

Ironischerweise wurde diese Szene beim Rohschnitt entfernt. Und eine weitere Laune des Schicksals will, daß dies der Anfang einer Serie von Rollen wurde, die auf dem Boden des Schneideraums landen sollten. In den folgenden fünf Jahren wurden so viele Szenen von Costner herausgeschnitten, daß er den Spitznamen ›Opfer des Schneideraums‹ erhielt. Zu seiner Entschuldigung sagt der Schauspieler jetzt, wo er als großer Star anerkannt ist und so viel oder so wenig Text sprechen kann, wie er will: »Henry Fonda hätte nichts dagegen gehabt, und Paul Newman auch nicht. Weil es ohne Bedeutung war. Es war nicht richtig.«

In dieser Zeit seiner Schauspielerlaufbahn wurde Costner mehr für die Filme bekannt, aus denen er herausgeschnitten wurde, als für die, in denen er mitspielte. Er hatte eine winzige Rolle in ›Stacy's Knights‹ (›Gewagtes Spiel‹). Der Film wurde zwar kein Erfolg, aber das Interessante an der Produktion war, daß das Drehbuch von Michael Blake stammte (der später den Oscar für das beste Drehbuch von ›Der mit dem Wolf tanzt‹ bekam). Costner legte sich seine Rolle selbst zurecht. Der Film hatte das Glücksspiel zum Thema; Costner wird laut Drehbuch über eine Brücke geworfen und ertrinkt. Eine weitere Kleinstrolle hatte er in dem 1984 gedrehten Film ›Shadows Run Black‹, der einen mysteriösen Mord zum Thema hat. Er spielte den Hauptverdächtigen. Es war sein zweiter Film der Billigproduktion. Er erhielt noch weitere Nebenrollen, die aber zum Großteil wieder herausgeschnitten wurden, bevor die Filme auf der Leinwand erschienen.

Abgesehen von seiner Rolle in ›Frances‹ hätte Costner mit kleinen Nebenrollen den Sprung zur Leinwand schaffen können, wie in ›One From The Heart‹, ›Table For Five‹ (›Ein Tisch für fünf‹) und besonders als Alex, dem toten Mann in ›The Big Chill‹ (›Der große Frust‹). In dem Film ›One From The Heart‹ führte Coppola Regie, und bei ›Table For Five‹

hatte Jon Voight die Hauptrolle übernommen. Costner wurde bei beiden Filmen herausgeschnitten und somit wieder Opfer des Schneideraums. Aber er hatte Erfahrungen gesammelt, auch wenn er nicht auf der Leinwand zu sehen war. Costner erhielt eine Sprechrolle in dem großen Kassenerfolg von 1982 ›Night Shift‹ (›Das Leichenhaus flippt völlig aus‹). In einer Szene des Films versuchen junge Studenten, in eine Leichenhalle einzudringen. Der erste junge Mann, der durch die Tür stürmt, ist Costner.

In Lawrence Kasdans ›The Big Chill‹ wurde Costner ausgesucht, um die Rolle des Selbstmörders Alex zu übernehmen, der bereits zu Beginn des Filmes tot ist. Costners große Szene spielte sich in einer zehnminütigen Rückblende ab, in der Alex' Schicksal aufgerollt wurde. Zehn Tage vor der Premiere des Films wurde Costner angerufen und von Kasdan informiert, daß die Rolle geschnitten wurde. Costner erinnert sich: »Er sagte: ›Na, wie geht's, Kevin?‹ Und bevor er ein weiteres Wort sagen konnte, antwortete ich: ›Sie haben mich aus dem Film rausgeschnitten, stimmt's?‹ Wenn ich sagen würde, daß ich kaum enttäuscht war, so wäre das wohl etwas übertrieben. Aber während der Dreharbeiten fühlte ich mich in meiner Haut als Schauspieler wohl – die Arbeit, die Proben, das Verstehenlernen, wie alles funktioniert und abläuft, haben mich zu dem gemacht, was ich heute bin.« Zwei Jahre nach dem Start von ›The Big Chill‹ konnte Costner die wahren Gründe angeben, warum seine Rolle in diesem Film herausgeschnitten wurde, und der Fehler lag nicht bei ihm, versichert er. »Die Rolle mußte herausgeschnitten werden«, sagt Costner, »die Figur war in meinen Szenen so unglaubwürdig, im Drehbuch wie in der Rückblende, daß man sich unweigerlich fragen mußte, warum sich so viele Menschen um ihn versammeln und ihn betrauern.« Jemand, der den Film in seiner ganzen Länge, also mit den Rückblenden sah, sagte spontan: »Wenn man ihn so beibehalten hätte, wäre der Film baden gegangen.«

Beharrlichkeit und Durchsetzungsvermögen gehören zu

Costners Natur, und so hielten ihn seine anfänglichen Enttäuschungen nicht davon ab, sein Ziel weiterzuverfolgen. »Es kam mir nicht in den Sinn, etwas anderes zu tun«, sagt er. »Zeitliche Begrenzungen und Kalender sind für diesen Beruf nicht geeignet. Ich glaube, wenn man sich entschlossen hat, Schauspieler zu werden, so ist es unheimlich wichtig, sich auch voll und ganz dazu zu bekennen.« Nach den Fiaskos im Schneideraum bekam Costner eine Filmrolle in Griechenland angeboten, aber als er dort ankam, sagte man ihm, seine Rolle wäre aus dem Drehbuch gestrichen worden. Unbeirrt flog er nach Los Angeles zurück und ließ sich von nun an von der William Morris Agency vertreten. Sie verschaffte ihm eine Rolle in dem Film ›War Games‹ (›Kriegsspiele‹), bei dem John Badham Regie führen würde.

Zu diesem Zeitpunkt aber stellte Lawrence Kasdan seine Besetzungsliste für ›The Big Chill‹ zusammen und bot Costner die Rolle von Alex, dem Selbstmörder, an. Sein Part bestand aus verschiedenen, aneinandergereihten Szenen in Rückblende, aber wie bereits erwähnt, wurden sie nach Fertigstellung des Filmes wieder herausgeschnitten. Costner entschied sich jedenfalls gegen ›War Games‹, weil er glaubte, die Rolle des Alex würde ihn in seiner Karriere weiterbringen. Welche Mächte auch immer beschlossen hatten, Alex von der Bildfläche verschwinden zu lassen, sie setzten Costner damit karrieremäßig auf einen Tiefpunkt. »Ich habe mich nicht darauf verlassen, meinen Lebenslauf mit Hochglanzfotos zu verschicken«, erinnert er sich. »Ehrlich gesagt, ich ging mit zugehaltenen Ohren aus ihren Büros, um mir nicht anhören zu müssen, wie mir jemand, der nicht so viel Ahnung hat wie ich, gute Ratschläge gibt.«

Bei seinen verschiedenen Vorstellungsgesprächen hat Costner gelernt, mit Ablehnungen fertig zu werden, die für jeden, der diesen Beruf ergriffen hat, an der Tagesordnung sind. Jeder Schauspieler wird bestätigen, daß Ablehnung und ständige Enttäuschungen Zweifel und Unsicherheit hervorrufen, die auch das größte Selbstvertrauen und den größten Idealismus unterminieren. Das Fiasko in den Schneide-räumen brachte ihm zwar als ›cut out‹ eine Menge Sympa-thiepunkte ein, aber sicherlich wurde auch er von Selbst-zweifeln geplagt. »Nachdem man mich herausgeschnitten hatte, wurde ich das Gefühl nicht los, einfach übergangen worden zu sein. Aber irgendwie war ich überzeugt, daß meine Karriere nicht von ›The Big Chill‹ abhängig sein würde. Ein echter amerikanischer Held würde sich jetzt sagen: ›Na schön, bin ich eben nicht auf der Leinwand. Ich will ja keine Längen schinden. Wenn ich es in zwei Jahren geschafft habe, dann wird das eine interessante Story abge-ben.«

Kasdan, der auch das Drehbuch zu ›Raiders Of The Lost Ark‹ (›Jäger des verlorenen Schatzes‹) geschrieben hatte, gibt seine anfänglichen Eindrücke von Costner so wieder: »Er hatte noch nie eine größere Rolle in einem Film gehabt, und plötzlich befindet er sich zusammen mit Kevin Kline und Bill Hurt in einem Zimmer. Als der Augenblick kam, wo ich ihm mitteilen mußte, daß er nicht im Film wäre, reagierte er erstaunlich gut. Es war bestimmt eine große Enttäuschung für ihn, aber die Erfahrungen, die er während der Dreharbei-ten machen konnte, waren so wertvoll für ihn, daß er schnell darüber hinwegkam. Ich sagte: ›Wir werden etwas anderes machen‹, was dann später ›Silverado‹ wurde. Ich glaube, ich habe es im Grunde für ihn geschrieben.«

In dieser schwierigen Zeit nahm Kevin Costner alle mögli-chen Jobs an. Unter anderem arbeitete er am Bau und als Dressman. Die Modefotos zeigten ihn kantig und gestylt. Er war nicht sehr begeistert darüber und erinnert sich: »Auf den Fotos habe ich mich kaum wiedererkannt, so hatten sie mein Haar eingeschmiert.« Costner sollte auf dem Titelblatt der Januar-Ausgabe 1982 von GQ (fotografiert von Barry McKin-ley) erscheinen. Er erhielt dafür ganze 75 Dollar, und, wie nach dem bisherigen Verlauf seiner Karriere zu erwarten war, mußte sein Konterfei auf dem Titelblatt Zubin Metha weichen.

Als Entgeld für seinen Schauspielunterricht im Studio City Workshop von Richard Brander arbeitete Costner an verschiedenen Studioaufbauten mit. Brander erinnert sich, daß Costner ein ›Besessener‹ war, der unbedingt Erfolg haben wollte. Er erinnert sich auch, daß Kevin unermüdlich und mit vollem Einsatz bei der Sache war. »Er war der ehrgeizigste meiner Schauspielschüler.« Aber Brander meint auch, daß die Kämpfe des unbekannten Schauspielers und sein damals ungestillter Ehrgeiz für immer Narben hinterlassen hätten. »Wenn man ihm ganz genau in die Augen sieht, dann merkt man, wie sich eine Tür schließt. Es sind Narben, die unter die Haut gingen. Anders ist es nicht denkbar.«

Trotzdem betrachtet Costner ›The Big Chill‹ als einen gefühlsmäßigen und karriereweisenden Wendepunkt. Er wußte nun, daß er sich auf einen Instinkt bei der Verkörperung einer Rolle verlassen konnte, nachdem er Kasdan und seine sorgfältig ausgesuchte Crew von talentierten Schauspielern während der Dreharbeiten von ›The Big Chill‹ beobachtet hatte. »Ich bin immer weitergewandert, war immer auf der Suche. Spielen war für mich immer so etwas wie eine Offenbarung, und schließlich fand ich Menschen, die auch so empfanden wie ich. Es brach mir nicht das Herz, wenn meine Szenen geschnitten wurden. Man hätte mich aus einer Million Filmen schneiden können, aber aus einem Kassenerfolg von 100 Millionen Dollar geschnitten zu werden, das war schon ein Ding.« Jahre später beklagt sich Costner, daß mehr Szenen von ihm als Hauptdarsteller gekappt wurden, als alle Szenen zusammen, die damals am Anfang seiner Karriere der Schere zum Opfer fielen. »Verdammt noch mal, aus ›Die Unbestechlichen‹ (›The Untouchables‹) und ›Es gibt kein Zurück – No Way Out‹ wurden mehr Szenen entfernt als jemals in ›The Big Chill‹ und sämtlichen anderen Filmen zusammen, in denen ich damals mitgespielt habe. Das ist die Realität des Films. Einer meint, der Film dürfe nicht zu langatmig sein, ein anderer, das Publikum könnte sich womöglich langweilen. Aber dieser Meinung bin ich nicht. Ich glaube, die Leute langweilen sich, wenn sie die Charaktere nicht mögen oder wenn die Story keinen Zusammenhang hat. Und daher die Streitfrage: Kann man eine Story durch Länge verdichten?« Genau das tat Costner mit seiner Drei-Stunden-Produktion von ›Der mit dem Wolf tanzt‹.

Diese Auffassung sollte Costner in den kommenden zehn Jahren Erfolg bringen. Durch ›The Big Chill‹ machte Costner als ›Neuer‹ von sich reden. Michael Blake erinnert sich seines ersten Einrducks von Costner zu dieser Zeit: »Er sah wie ein Junge aus, der gerade von seinem Basketball-Training kommt. Damals schon sagten die Produzenten und Besetzungschefs, die den Rohfilm gesehen hatten: ›Hey, der Junge hat das Zeug zum Hauptdarsteller.‹ Das war allen klar. Nach diesem Film nahm Costner sich einen Agenten für Filmschauspieler. Davor ließ er sich von einer Modell-Agentur vertreten.« Costner konnte so liebenswürdig sein, daß sogar sein Ex-Agent aus dieser Zeit nur Positives über ihn zu berichten weiß. J. J. Harris betreute Costner am Anfang seiner Karriere. Über seinen jetzt so berühmten Ex-Klienten sagt er: »Er wird einmal ohne Magengeschwüre alt werden. Ich glaube, seine Karriere wird einen überdimensionalen, beispiellosen Aufstieg nehmen. Sein Appetit nach Leben ist unersättlich. Er ist nie satt, aber immer zufrieden und glücklich. Das trifft auf alle großen Leute zu. Er kann nie genug kriegen.«

Langsam setzte sich in Kevin die Einsicht durch, daß seine Versuche, sich als Schauspieler durchzuboxen, nicht besonders erfolgreich waren. Auf Partys und Einladungen mußten sich seine Frau Cindy und er immer anhören, wie gemeinsame Studienkollegen über ihre ›neuen Häuser‹ oder beruflichen Erfolge sprachen. Costner konnte nur von einem Vorsprechtermin erzählen, den er eventuell in Aussicht hätte. Um einen Teil der Rechnungen zu bezahlen und sie einigermaßen über die Runden zu bringen, nahm Cindy eine Stelle bei einer Fluggesellschaft an. Der Schauspieler gibt zu, daß es die frustrierendste und schlimmste Zeit in seinem Leben war.

»Wenn Cindy und ich mit unseren Freunden zusammentrafen, dann erzählten sie von ihren Beförderungen und dem Kauf eines neuen Hauses. Wenn wir dann am Ende der Nacht unsere lange Heimfahrt antraten, sagte ich mir oft: ›Was ist mit dir los? Ich habe keinen BMW. Ich habe keinen Rasen mit einer Dichondra.‹ Aber dann hielt ich mir vor Augen, daß ich Schauspieler bin und daß eines Tages all das auf mich zukommen würde«, erinnert er sich. Diese Überzeugung wurde durch seine Frau unterstützt, die an ihn als Schauspieler glaubte. Im Rückblick auf diese Jahre der Enttäuschungen und Kämpfe gibt Costner zu: »Es war eine harte Schule für mich, wo ich viele Schläge einstecken mußte. Aber ich habe meine Augen offengehalten und daraus gelernt. Und der Rest ist ja bekannt.«

Aber es gibt auch etwas, das vielen nicht bekannt ist. Costner hat in einigen Sexfilmen mitgewirkt, die jetzt auf Videokassetten im Handel sind. »Sizzle Beach, U.S.A.« (›Heißer Strand‹), ›Gunrunner‹ und ›Chasing Dreams‹ (›Träume sind wie Staub im Wind‹). Als er anfing bekannt zu werden, überschwemmten diese ›Costner-Produkte‹ den Videomarkt. ›Chasing Dreams‹ ist bei Prism Entertainment erhältlich, ›Gunrunner‹ bei New World und ›Sizzle Beach, U.S.A.‹ bei Troma/Vidmark. Mit den Videokassetten versucht man natürlich, aus Kevin Costners unterwartetem Erfolg Kapital zu schlagen. Costner hat an den Videos keine Nebenrechte, und finanziell bringt ihm der Vertrieb nichts, außer vielleicht Peinlichkeiten. Costner hat ein Gerichtsverfahren gegen den Hersteller von ›Chasing Dreams‹ angestrengt. Im Kielwasser des Erfolges von ›Annies Männer‹ (›Bull Durham‹) und ›Feld der Träume‹ (›Field Of Dreams‹) verpackte Prism Entertainment diese Videokassette mit einem Cover von Costner im Baseball-Dreß, obwohl er in diesem Film nicht als Baseball-Spieler zu sehen ist.

›Sizzle Beach, U.S.A.‹ war ursprünglich mit ›Malibu Hot Summer‹ (›Heißer Sommer in Malibu‹) betitelt. Der Film wurde 1979 produziert, und Costner spielte darin seine erste

Rolle. Bei dem T & A-Streifen mit geringem Budget, ›Sizzle Beach‹, führte Richard Brander Regie – zufälligerweise in den Raleigh-Studios, wo Costner beschäftigt war. Costner bat Brander, der nach jungen, frischen Gesichtern für seinen Film suchte, um einen Vorsprechtermin, und siehe da, er bekam die zweite Hauptrolle des männlichen Darstellers. In diesem Strandopus spielte er einen reichen Cowboy, der sich in eine nicht minder reiche junge Dame verliebt. Die Dame war niemand anderes als die Ehefrau des Regisseurs, Leslie Brander. Hier sieht man Costners Weitblick, sich erst Fans zu machen, die in diesem Busineß etwas galten – und auch die erste Liebesszene seines Lebens auf der Leinwand.

Eric Louzil, Produzent von ›Sizzle Beach, U.S.A.‹ und jetzt Regisseur von Filmen mit kleinem Budget, erinnert sich: »Wir lachen immer über diese Szene. Er mußte die Frau des Regisseurs vor einem Kamin verführen. Er war wirklich nervös und hölzern. Er küßte sie zwar, aber es kam nichts rüber.« Wieder spielte Costner das Schicksal einen Streich: Der Film war schon fast im Kasten, als dem Produzenten das Geld ausging, und Costner sah für seine erste Rolle keinen Penny. Louzil produzierte auch ›Shadows Run Black‹ (›Die Schatten werden schwarz‹). Als seine Karriere allmählich im Aufwind war, hatte er wegen seiner Nackedei-Auftritte in Sexfilmen Bedenken. Louzil erzählt es folgendermaßen: »Kevin rief mich an und erkundigte sich, ob es nicht eine Möglichkeit gäbe, diese Filme aufzukaufen, um sie irgendwo einzulagern.« Costner bekam die Rechte für ›Sizzle Beach, U.S.A.‹ nie, und der Film wurde 1989 auf dem Videomarkt verbraten. Trotz seiner Sexszenen in diesem dürftigen Billig-Strandfilm gib Costner entwaffnend zu: »Ich konnte spielen, und das machte mich glücklich. Wir drehten an den Wochenenden mit meinem Schauspiellehrer als Regisseur und seiner Frau als Hauptdarstellerin. Ich hatte absolut keine Ahnung von dem, was wirklich vor sich ging. Ich wußte plötzlich, welcher Typ von Schauspieler ich wirklich sein wollte – und Spielen wurde etwas Heiliges für mich«, sagt er ohne Ausflüchte. Trotzdem warnt er junge Schauspieler vor der Devise, »alles um jeden Preis zu machen«.

Wenn sich Costner über das Thema seiner Filme ausläßt, tönt er wie ein Marschall von 1860, der Gerechtigkeit verlangt: »Die Idee zu arbeiten war für mich vor zehn Jahren einfach lebenswichtig. Ich kann nicht behaupten, daß ich keine fehlerhafte Karriere hätte. Sie sehen es ja. Die Tatsache, daß die Leute aus so etwas Kapital schlagen, scheint ein Übel der modernen Gesellschaft zu sein. Das konnte vor hundertfünfzig Jahren nicht passieren. Die Leute hätten sich dann mir gegenüber persönlich rechtfertigen müssen, um der echten Gerechtigkeit willen. Sie hätten nicht wie jetzt endlos prozessieren können.« Erklärend gibt er heute zu: »Ich war total naiv und hatte keine Vorstellung, wie der fertige Film überhaupt aussah. Ich muß sagen, er hat mir die Lust am Filmgeschäft genommen, war aber doch eine wertvolle Lektion für mich. Es hat mich verändert, nicht so sehr wegen des niedrigen Budgets an sich, als wegen der ganz auf Billigproduktion eingeschworenen Denkweise der Filmemacher. Das ist mir bis heute geblieben.« Insgesamt machen die Sexfilme nur einen Bruchteil seiner Karriere aus. Aber es zeigt doch, wie schwer es ist, in einem so konkurrenzlastigen Beruf, wie dem des Filmschauspielers, Fuß zu fassen und daß selbst jemand, der wie Kevin Costner zu einem der ganz Großen des Films geworden ist, bis zu einem gewissen Grad seinen Tribut zahlen mußte.

Als die ersten Zweifel an ihm nagten, ob es nicht doch besser gewesen wäe, seinen Job im Marketing zu behalten, wurde Costner für die PBS-Produktion von ›Testament‹ (›Das letzte Testament‹) engagiert. Er bekam nur eine kleine Rolle, aber das Wie sollte für Costners Zukunft symptomatisch sein. Margery Simkin war Besetzungschefin. Sie erinnert sich noch lebhaft an den Tag, an dem ihr Kevin Costner begegnete: »Ich ließ die Leute in einem großen Bürogebäude vorsprechen, wo sich sehr viele Sekretärinnen aufhielten. Kevin saß im Wartezimmer. Er hatte Jeans an und sah aus, als

›Fandango‹ *Kinoarchiv Engelmeier*

›Silverado‹ *Archiv Dr. Karkosch*

›Silverado‹ *Bildarchiv Engelmeier*

ob er sich nicht rasiert hätte – er sah eigentlich mehr wie ein Landstreicher aus. Aber nachdem er gegangen war, kam jede Frau und jede Sekretärin, die sich in diesem Wartebereich aufgehalten hatte, zu mir herein und fragte: ›Wer war dieser Junge?‹ Ähnliches habe ich noch nie erlebt; sie waren ganz verrückt nach ihm. Wahrscheinlich ist das überhaupt das einzige Mal, daß so etwas passiert ist. Für mich kam es nicht überraschend, daß er ein Star wurde.«

Nach ›Testament‹ sollte es in Costners Karriere endlich vorangehen. Er startete gleich mit drei Filmen, die 1985 gedreht wurden: ›Fandango‹, ›American Flyers‹ (›Die Sieger – American Flyers‹) und ›Silverado‹. Für die Gestaltung seiner Rolle in ›Testament‹, wo er einen Nachbarn spielt, dessen Baby an den Folgen des radioaktiven Fallouts stirbt, erntet er positive Kritiken, und das Angebot für die Hauptrolle in ›Fandango‹ von Gardner Barnes folgt auf dem Fuß.

Als er das Script zu ›Fandango‹ las und merkte, daß er in fast jeder Szene mitspielte, zeigte sich Costners Sinn für Humor. »Die werden nächtelang aufbleiben müssen, um sich zu überlegen, wie sie mich hier rausschneiden können«, meinte er. ›Fandango‹ war eine Amblin-Entertainment-Produktion (Spielbergs Produktionsgesellschaft). Drehbuch und Regie lagen in den Händen des damals noch unbekannten Kevin Reynolds. Frank Marshall und Kathleen Kennedy waren für die Produktion verantwortlich. Co-Stars neben Costner waren Judd Nelson, Sam Robards und Brian Cesak. Niemand hätte zu diesem Zeitpunkt ahnen können, daß Reynolds und Costner einmal das Superteam ›Robin Hood, König der Diebe‹ werden würden.

Costner wirkte auch in einer ›Amazing Stories‹-Episode (›Unglaubliche Geschichten‹) für Steven Spielberg mit dem Titel ›The Mission‹ mit. Spielberg arbeitete so gerne mit ihm zusammen, daß er ihm eine Pilotenjacke schickte, die Costner noch heute trägt. Abgesehen von kaum bekannten Filmrollen und herausgeschnittenen Mini-Parts, hat Costner viele Rollen abgelehnt, um die sich ein weniger gefragter

Schauspieler gerissen hätte. Er lehnte ›Platoon‹ ab, ohne daß es überhaupt zu einer Begegnung mit Oliver Stone gekommen wäre. Er hatte persönliche Gründe dafür. Sein Bruder war Vietnamveteran, der das Glück hatte, in die Heimat zurückzukehren und für sich und seine Familie ein einigermaßen gesichertes Leben aufzubauen. Eingedenk der Erfahrungen seines Bruders Dan wies er das vielversprechende Angebot zurück, sagt aber jetzt, daß er die Botschaft des Films nicht richtig herausgelesen hätte. »Ich hatte die Chance, in ›Platoon‹ mitzuspielen. Ich glaube, das ist vielleicht einer der Fehler, die ich gemacht habe. Mein Bruder war bei der Marine in Vietnam und hatte große Probleme mit Vietnamfilmen, die die amerikanischen Soldaten in einem völlig entstellenden Licht zeigten. Er ist verdammt stolz, daß er zurückkam, sich eine Existenz aufbauen konnte, daß er aufs College ging und eine Familie hat. Und als ich das Script zu ›Platoon‹ las, sprang mir das Thema Mord so unverhüllt in die Augen, daß ich dachte, das kann ich ihm nicht antun. Aber ich hätte vielleicht, wenn ich zurückblicke, doch in dem Film mitspielen sollen. ›Platoon‹ war echt und stimmte. Zum Schluß ging es darin um mehr als nur um Mord.«

Costner ergriff auch nicht die Chance, den Willem Dafoe als Gegenpart zu Gene Hackmann, seinem Co-Star in ›Es gibt kein Zurück – No Way Out‹ zu spielen. Der Film hieß ›Mississippi Burning‹ (›Die Wurzel des Hasses – Mississippi Burning‹) und wurde ein Riesenerfolg. Weitere Filme, die der Schauspieler im Laufe seiner Karriere ablehnte: die Hauptrolle in Costa-Gavras' Film ›Betrayed‹ (›Verraten‹); die Rolle des Alec Baldwin in ›The Hunt For Red October‹ (›Jagd auf Roten Oktober‹); ›Everybody's All American‹ unter der Regie von Taylor Hackford und, wie bereits erwähnt, Badhams ›War Games‹ (›Kriegsspiele‹). Costner versagte sich die Chance, mit Hackman und Connery zu arbeiten, weil die Rollen seiner Auffassung nach in ihrer Konzeption denen in ›Es gibt kein Zurück – No Way Out‹ und in ›Die Unbestechlichen‹ (›The Untouchables‹) zu ähnlich waren. ›Betrayed‹

lehnte er ab, weil er zu diesem Zeitpunkt an Phil Alden Robinsons ›Feld der Träume‹ interessiert war. Gegen den Rat aller, die er kannte, lehnte er den Costa-Gavres-Film ab, um im Anschluß seinen zweiten Baseball-Film zu drehen. Costner zeigte außerdem den richtigen Instinkt, die Filme ›The Ice Pirates‹ (›Krieg der Eispiraten‹), ›Grandview, U.S.A.‹ sowie den berüchtigten Film ›Shangai Surprise‹ (›Shanghei Surprise‹) abzulehnen. Er bemühte sich außerdem um einige Rollen, die er allerdings nicht an Land ziehen konnte – zum Beispiel eine Rolle in ›Mask‹ (›Die Maske‹) und ›The Killing Fields‹ (›Schreiendes Land‹).

Eine weitere Figur, die Costner gern gespielt hätte, aber abgeben mußte, war die Hauptrolle in dem 1981 gedrehten Streifen ›Mikes Murder‹. Hier hätte er sein romantisches Heldentum gegen Debra Wingers wirklichkeitsbezogene Intensität ausspielen können. Die Besetzungsagentin Wally Nicita erinnert sich, daß Costner hereinkam, um sich für den Part zu bewerben, zusammen mit zweihundert anderen namenlosen Anwärtern. Obwohl er die Rolle nicht bekam, war Nicita klar, daß sie hier ›Star-Material‹ vor sich hatte. »Ohne mit der Wimper zu zucken, las Kevin die Rolle mit absoluter, unglaublicher Perfektion vor – und er war phänomenal. Der Junge hatte es einfach. Das merkte ich gleich, als er hereinkam. Er hat den natürlichen Instinkt der Großen«, sagte sie. Nicita war die Besetzungsagentin, die Costner empfahl, zu Lawrence Kasdan zu gehen, der ›The Big Chill‹ (›Der große Frust‹) besetzte. Sie erinnert sich auch an die fabelhafte Reaktion dieses jungen Mannes, als er erfuhr, daß man seine Szenen aus dem Kasdan-Erfolgsfilm rigoros entfernt hatte: »Er war viel gefaßter, als ich es gewesen wäre. Dieser Vorfall machte ihn reifer und weitsichtiger. Er projizierte den Beruf des Schauspielers auf eine höhere Ebene, als er erkannte, daß die Darstellung einer Figur sehr viel weitergehen kann, als mit dem Auge zu erkennen ist. Es formte ihn und brachte ihn dazu, sich und den anderen zu beweisen, daß er echte darstellerische Qualitäten hatte.«

Lawrence Kasdan war der Auffassung, daß er dem jungen Schauspieler, den er aus ›The Big Chill‹ entfernt hatte, etwas schuldig war. Er wollte etwas für Costner tun, der auf eine Rolle in ›War Games‹ (›Kriegsspiele‹) verzichtet hatte, weil er in Kasdans Film mitwirken wollte. Kasdan gibt zu, daß die Rolle Kevin Costner nicht in den Schoß gefallen war, daß er sie verdienen mußte. Und das tat Costner. Er bekam die Rolle des Jake in ›Silverado‹. Kasdan über Costner: »Kevin ist ein intelligenter Schauspieler, der gut ankommt – ein erstklassiger amerikanischer Star, der auch schauspielerisch erstklassig war. Er war nie verzweifelt. Kevin ist als Schauspieler kooperativ, sauber und gradlinig. Ich schrieb den Jake in ›Silverado‹ für ihn; das war ich ihm nach ›Chill‹ wohl schuldig. Aber er wußte, daß ihm die Rolle nicht in den Schoß fallen würde – daß er sie erarbeiten mußte. Dann kam er mit Tausenden von Einfällen für Jake. Er dachte sich tolles Zeug aus. Er ist voller Ideen. Er denkt über seine Rolle sehr genau nach – aber nicht etwa, wie er sich selbst groß herausstellen oder den anderen die Show stehlen könnte, sondern wie man die Figur noch besser anlegen könnte. Ihm selbst sind keine Grenzen gesetzt.« Während dieser Zeit nahm ihn John Badham sofort für seinen nächsten Film ›Die Sieger – American Flyers‹ unter Vertrag, und Steven Spielberg – dem Förderer und Mentor von Kevin Reynolds – verdankte Costner seine Rolle in dem Film ›Fandango‹.

Drittes Kapitel

›Fandango‹,
›Die Sieger – American Flyers‹
und ›Silverado‹

›Fandango‹ erzählt die Geschichte von fünf Freunden, deren turbulente Zeit der Unbeschwertheit und Kameradie auf dem College dem Ende zugeht. So kommt es, daß Gardner Barnes alias Kevin Costner Pfeile auf ein Foto von sich und seiner ehemaligen Freundin wirft. Angetan mit dunkler Sonnenbrille und einem ramponierten Achtzehn-Dollar-Smoking, den er für seine dann geplatzte Hochzeit angeschafft hatte, will er mit seinen Freunden gemeinsam ein letztes, nostalgisches Abenteuer suchen, bevor sie als ›unschuldige Wesen auf dem Highway des Lebens zermalmt würden‹. Costner gibt zu, daß seine Kommilitonen der verrückten Freundesschar in ›Fandango‹ sehr ähnlich waren, aber daß er meistens anderes zu tun hatte, als sich ihnen anzuschließen. Er und Regisseur Reynolds hatten sehr viel Spaß an der Arbeit und fanden heraus, daß sie viel mehr gemeinsam hatten als die meisten Menschen. Wie Reynolds sagt: »Wir haben den gleichen Hintergrund. Ich war bei der Airforce. Da neigt man dazu, in sich selbst zu leben. Man schafft sich seine eigene Fantasiewelt. Die eigene Vorstellungskraft wächst und entwickelt sich. Vielleicht ist das der Grund, daß er das tut, was er tut, und ich mache, was ich mache. Man lernt dabei, den Menschen nicht zu nahe zu kommen.«

Reynolds erinnert sich an den Tag, als ein großer, gutaussehender, wenig bekannter Schauspieler mit Namen Kevin Costner zum Vorsprechen kam. »Wir hatten bereits zweihundert Leute für die Rolle von Gardner Barnes gesehen. Als ich langsam resignieren wollte, marschierte Kevin herein. Er hatte seinen Text kaum fünfzehn Sekunden gelesen, als ich wußte: Das ist er!« Der Film war kein Erfolg. Costner hat den Film bis heute noch in angenehmer Erinnerung und bezeichnet ihn nicht ganz zu Unrecht als einen seiner Favoriten. Er konnte bei dieser Produktion mit Sam Robards arbeiten, dem Sohn von Lauren Bacall und Jason Robards, außerdem mit Chuck Bush, dem Typ des 166 Kilo schweren, orientalischen Fieslings. Costner und Reynolds kannten ihn von ›7 – Eleven‹. Der Film war meist unkomisch und schleppte sich mühsam dahin. Costner ist noch immer der Überzeugung, daß die Rolle des Gardner Barnes ihm mehr lag, als allgemein angenommen wurde.

»Vor den Erfolg ist die Begeisterung gesetzt«, sagt Emerson, und Begeisterung trieb den jungen Costner an, um als Schauspieler zu arrivieren. Er erzählt von seinem ersten Vorsprechtermin: »Ich donnerte einen Los Angeles Freeway entlang; ich war spät dran, und der Wagen streikte. Ich ließ ihn einfach auf der Straße stehen, sprang über einen Zaun und fuhr per Anhalter zum Vorsprechen. Verständlich, denn ich war ganz wild auf diese Rolle.« Costner schlüpft in die Hauptrolle des Gardner, und das Abenteuer läuft langsam an. Die Freundesschar scheint der Hafer zu stechen, sie stehlen Autos, begeben sich auf Schatzsuche und, das Wichtigste, sie halten wie Pech und Schwefel zusammen. Reynolds' Regie ist am besten, wenn die Jungs auf der Straße sind, der Rest ist matt.

›Die Sieger – American Flyers‹ war ein John-Badham-Film. Nachdem Costner aus Badhams ›War Games‹ (›Kriegsspiele‹) ausgestiegen war, um mit Kasdan ›The Big Chill‹ (›Der große Frust‹) zu drehen, wollte ihn Badham, der sehr von ihm beeindruckt war, für eine Rolle verpflichten, wie er sie bisher noch nie gespielt hatte. In ›American Flyers‹ spielt Costner einen introvertierten Sportarzt, der, wie das Leben so spielt, ein ehemaliger Radrennfahrer ist und sich seit dem Tod seines Vaters mit der Mutter überworfen hat. Seine einzige Sorge gilt mittlerweile seinem Bruder David, der möglicherweise an demselben Hirntumor leidet wie sein Vater. Gegen seinen Willen überredet er ihn dazu, an einem Dreitagerennen teilzunehmen. Costner trat in diesem Film selbst in die Pedale. Wieder ein Beispiel dafür, wie seine Sportlichkeit seinen Rollen zusätzliche Akzente verleiht, die ein körperlich weniger trainierter Darsteller nicht einbringen könnte. Als Arzt Marcus spielt er einen Mann, der nicht sehr viel sagt, auch wenn er viel spricht. Oberflächlich gesehen ein Langweiler, der einen nicht interessieren würde, wenn man nicht das Feuer in seinem Inneren spürte. Dieser Marcus Sommers wirkt nach außen kaltschnäuzig und eher unsympathisch, und es spricht für Costners Talent, daß er dennoch – oder gerade deswegen – interessant bleibt. Wie Kasdan über den Star bemerkt: »Kevin ist unersättlich. Er nimmt eine Rolle, wringt sie aus, verschlingt sie. Er holt einfach alles raus, was rauszuholen ist. Er ist unglaublich einfallsreich und mit dieser bewundernswerten, unerschöpflichen Energie geladen.« Zu dieser Zeit stellte Kasdan auch fest: »Ich glaube, er wird ein großer Star werden.« Eine Weissagung, auf die Nostradamus stolz gewesen wäre.

Einer seiner Co-Stars, mit denen er ›American Flyers‹ drehte, war Rae Dawn Chong. Sie stand am Anfang ihrer Karriere und versuchte, sich einen Namen zu machen. Sie hatte damals keine Ahnung, daß Costner ein großer Star werden würde, aber sie erinnert sich, daß er unglaublich ›sexy‹ und ein ›richtiger‹ Mann war. Chong spielt die Sarah, Marcus' willensstarke Freundin, die mit ihm zusammenlebt und Ex-Frau eines ehemaligen Radrenn-Rivalen ist. Sie beschreibt ihn mit folgenden Worten: »Kevin ist sexy und geheimnisvoll. Er ist weder eitel noch gekünstelt, wie manche Männer, die wissen, daß sie attraktiv sind. Er ist ein richtiger Mann. Er ist wie Robert Redford oder Clint Eastwood – knallhart im wahrsten Sinne des Wortes.«

Kritiker haben Costner mit Redford verglichen: Er würde sein Image genauso raffiniert vermarkten und seine Filmprojekte allmählich selbst in die Hand nehmen. Er ließ sich auch mit Clint Eastwood vergleichen, weil er wie er in einem Film Hauptrolle, Regie und Produktion übernahm. Aber diese Vergleiche hinken und werden Costner nicht gerecht. Dazu fehlte ihm noch der gewisse ›Hollywood-Touch‹, um zu den erfolgreichsten Box-Office-Magneten der Stadt zu gehören. Die Produzentin eines seiner weiteren Filme, Laura Ziskin, Produzentin von ›Es gibt kein Zurück – No Way Out‹ wußte, daß Costner viele Ähnlichkeiten mit diesen beiden Hauptdarstellern hatte. Sie sagt: »Ich hatte ihn schon seit langem im Auge, ehe ich ihn als meinen Hauptdarsteller verpflichtete, weil es zu dieser Zeit Redford, McQueen und Eastwood gab, und jetzt gibt es nur Harrison Ford und Kevin Costner... und Ford ist mit seinen Vierundvierzig nicht immer derjenige, den man sich als jugendlichen Helden vorstellt.«

›Die Sieger – American Flyers‹ ist die Geschichte einer Bruderliebe. Zwei Brüder sind durch die unheilbare Krankheit des einen miteinander verbunden. Eigentlich sind sie grundverschieden – bis auf ihre gemeinsame Passion für den Radrennsport. Costner spielt den erfolgreichen Arzt und David Grant den jüngeren Bruder, der sein Studium hinschmeißt. Marcus ist ernsthaft, David ein leichtsinniger Vogel. Plötzlich stirbt der Vater. Marcus befürchtet, sein Bruder könne das gleiche Schicksal treffen. Motivation genug, um ihn vor seinem Tod zu einem Radrennen zu überreden, das er gewinnen muß. Die Zeit ist der Schlüssel zu allem. Die Brüder müssen lernen, sich zu verstehen, bevor der Tod ihre Verbindung kappt. Ein Kinderfoto zeigt, wie Marcus seinen jüngeren Bruder in einem kleinen Wägelchen hinter sich herzieht. Er versucht immer noch, seinen Bruder hinter sich herzuziehen, ihn zu betreuen und für ihn dazusein, doch leiden die beiden unter der gleichen Spannung: Sie sind zu scheu, um offen auszusprechen, daß sie sich in brüderlicher Liebe zugetan sind. David, den das spontane Verstehen seines Bruders in einer bestimmten

Situation auf hundert bringt, schreit ihn an: »Was bildest du dir ein? Glaubst du, du kannst nur mal kurz mein Bruder sein?«

Drehbuchautor Steve Tesich (der bereits einen Oscar für einen anderen Radrennfahrer-Film, ›Breaking Away‹, erhielt), versteht es, die physischen Szenen des eigentlichen Radrennens mit den Empfindungen und Konflikten der beiden Brüder zu verbinden. Das Drehbuch gestattet es den beiden, sich am Ende des Films ihre brüderliche Liebe einzugestehen, ohne daß im Zuschauerraum die Tränen fließen. Der Film kommt buchstäblich in Fahrt, als David von Marcus überredet wird, an dem Coors International Bicycle Classic teilzunehmen. John Badhams Talent als Action-Regisseur kommt hier voll zum Einsatz. Das erbarmungslose Rennen läuft über bergiges Colorado-Gelände. Badhams Regie gibt dem Rennen spürbares Tempo, das er aber meisterlich zurücknimmt, um die Empfindungen der Brüder zu zeigen. Dazu der Filmkritiker und Drehbuchautor Richard Sean Lyon: »John Badham ist das heutige Äquivalent der soliden Handwerker wie Henry Hathaway und Raoul Walsh. Wie sie kann John Badham zwar keinen falsch konzipierten Film retten – aber er würde einen guten nie verderben. Er ist ein erfahrener Profi.« Badhams frühere Erfolge überragen ›American Flyers‹ bei weitem. Er führte Regie bei ›Saturday Night Fever‹ (›Samstag Nacht‹), ›Blue Thunder‹ (›Das fliegende Auge‹) und ›War Games‹ (›Kriegsspiele‹). ›War Games‹ war ein Kassenerfolg, der in den USA und Kanada allein über 75 Millionen Dollar einspielte.

Während der Dreharbeiten, so erinnert sich Steve Tesich, wäre er von Costners sportlichen Leistungen begeistert gewesen. Außerdem beeindruckte ihn Costners Höflichkeit und Anstand Frauen gegenüber. Tesich berichtet: »Ich sah ihn einmal in einer Bar. Er lehnte am Tresen, und ich habe noch nie einen Mann gesehen, der das formvollendeter getan hätte. Männer neigen dazu, sich vor anderen Männern zu produzieren. Das tut er nicht. Ich auch nicht. Und deshalb kommen wir so gut miteinander aus. Ein Mann weiß, wo ein Mann herkommt. Sie wissen, daß Kevin mit seinen Händen gearbeitet hat. Er scheut weder schwere Arbeit noch Schweiß. Man sieht ihm an, daß er Sport getrieben hat. An der Art, wie er geht, wie er seinen Körper bewegt und wie er entspannen kann. Frauen wissen das zu schätzen, ohne dabei erotische Hintergedanken zu haben.« Zu Beginn ihrer Bekanntschaft waren Costner und Tesich oft mit dem Fahrrad unterwegs. Er erinnert sich an die erste Radtour mit dem jungen Schauspieler im Griffith Park in Los Angeles. »Kevin wollte mich wirklich schlagen. Das war nicht nur ein versteckter Wunsch, sondern er zeigte es mir ganz deutlich. Aber ich wollte der Schnellere sein. Ich mußte ihn schlagen, und es gelang mir. Wieso? Es war mein Sport... und mein Drehbuch.«

Der Film wurde kein Erfolg. Costner erinnert sich: »Nachdem man aus ›American Flyers‹ alles herausgenommen hatte, was wichtig war, mußte ich mich mit freundlichen Worten mitfühlender Fremder trösten, die mir sagten, daß die Tragödie sie sehr bewegt hätte. Ein kleines Stückchen Gold, das mich begleitete.« Er kritisierte auch die Änderungen am Drehbuch, die der Regisseur Badham durchsetzte. »Ich war von Tesichs Script begeistert, nicht aber von Badhams Regie. Für mich gilt da mehr die Western-Ethik: Man steht zu seinem Wort. Ich tue alles für einen Regisseur, der mir verspricht, mich nicht idiotisch darzustellen, wenn ich weiß, daß ich mich darauf verlassen kann.« Trotz des mißglückten Films blieben Costner und Tesich weiterhin befreundet. »Kevin ist ein netter Kerl, so wie man sie aus den sechziger Jahren kennt. Wenn Sie ich mich fragen – er stammt direkt aus dieser Zeit. Alles, was dazu gehört, ›seinen Mann zu stehen‹, ist für ihn natürlich und vertraut. Das kann ich voll unterschreiben.«

Im Gegensatz zu Tesichs anderem Fahrrad-Film war ›American Flyers‹ kein Renner. Der Film brachte an den Kinokassen der USA und Kanadas weniger als zwei Millionen Dollar ein. Costner hatte mittlerweile in drei Filmen mitgewirkt, die an den Kinokassen nur mäßige Achtungserfolge erzielten: ›Stacy's Knights‹ (›Gewagtes Spiel‹), ›Fandango‹ und ›American Flyers‹. Jungen, hoffnungsvollen Schauspielern sei hiermit gesagt, daß Mißerfolge an den Kinokassen nicht immer das Ende der Karriere bedeuten – besonders wenn man am Anfang seiner Laufbahn steht. Erst später, wenn man als Star arriviert ist, Riesenbudgets zur Verfügung hat und für ein Projekt voll verantwortlich ist, kann man nicht versagen. Lawrence Kasdans ›Silverado‹ hatte nur auf Costner gewartet, und, kaum daß Costner als um sich ballernder Jake auf der Leinwand erschien, gehörten seine Kämpfe auf dem Weg nach oben der Vergangenheit an.

»Ich wußte, ich würde einen Western machen, so wie ich wußte, daß ich Schauspieler weden würde«, sagt Costner. Er widmete seinen Auftritt als Jake in ›Silverado‹ jedem, »der einmal davon träumte, in einem Western mitzuspielen«. Costner wünschte sich nichts sehnlicher, als einmal in einem Western mitzuspielen. Seit seiner Kindheit kämpften die Westernhelden für Recht und Ordnung. Er meint, er wäre zu spät auf die Welt gekommen. Er hätte sich in Dodge City auf seinem Pferd mit dem Gewehr in der Hand viel wohler gefühlt als jetzt in Hollywood mit seinem Bronco. Costners Motivation und Begeisterung, in einem Western mitzuspielen, war so groß, daß Einsatz und Interesse größer waren als seine Rolle. Auch an seinen drehfreien Tagen erschien er am Set. Er fiel Darstellern und dem Stab auf die Nerven, weil er ständig »einen berühmten Satz aus einem berühmten Western zitierte«, erinnert sich ein Mitglied des Stabs. »Er hatte eine natürliche, echte Freude daran, in einem Western mitzuspielen, und das war ansteckend.« Über seine Gefühle zu dieser Zeit befragt, antwortet Costner schlicht: »Ich habe mein ganzes Leben darauf gewartet, in einem Western zu spielen.«

Diesem Film lag das Originaldrehbuch von Lawrence Kasdan und Mark Kasdan zugrunde. Die Darsteller von ›Silverado‹ waren damals noch nicht so bekannt wie heute. Aber die Besetzungsliste liest sich wie ein ›Who Is Who‹ aufsteigender, vielversprechender Talente: Kevin Kline, Scott Glenn, Rosanna Arquette, John Cleese, Brian Dennehy, Danny Glover, Jeff Goldblum, Linda Hunt und, natürlich, Kevin Costner. Die Geschichte erzählt von vier Helden wider Willen, die auf ihrem Weg nach Silverado durch verschiedene Umstände zusammenfinden. Sie hatten sich in Silverado Zuflucht und Sicherheit erhofft, was sich aber als Irrtum erwies. Jetzt heißt es: Vier gegen den Rest der Welt. Sie müssen sich wohl oder übel verbünden, um alle Gefahren zu bestehen.

Columbia Pictures brachte diesen Film in die Lichtspieltheater. Lawrence Kasdan führte Regie nach dem Drehbuch der Kasdan-Brüder. Charles Okun und Michael Gillo waren ausführende Produzenten. Der Film erhielt geteilte Kritiken. Obwohl er in den USA und Kanada mehr als 34 Millionen Dollar einspielte, konnte er die Unkosten nicht decken. Richard Sean Lyon meint, Kasdans größtes Problem bei der Regie wäre, daß er nicht wüßte, ob er den Zuschauern gefallen will oder den Kritikern. Lyon verweist auf ›The 1990 Survival Guide To Film‹: »Sämtliche Filme von Lawrence Kasdan werden ihrem Potential nicht gerecht, weil er sich nicht entscheiden kann, ob er unterhalten oder einen Preis gewinnen möchte. Die Wahl steht ihm frei. Ausschlaggebend dabei wird sein, ob er größeres Interesse daran hat, seine Zuschauer zu unterhalten oder seine Kritiker zu beeindrucken. Auch in fünf Jahren ist es unmöglich, beides zu erreichen.« Lyon ist der Meinung, daß Kritikern ein Film suspekt erscheint, der bei der Masse des Publikums gut ankommt, weil sie einen Kassenerfolg sofort mit seichter Unterhaltung gleichsetzen.

Obwohl dieser Film kein Bombenerfolg war, liebte Costner die Rolle des Jake, Emmets waghalsigem Bruder. Er sagte, daß er damals überzeugt gewesen wäre, mit Jake »den größten Charakter seines Lebens« gespielt zu haben. Dann erklärte er, warum er mit dem Drehbuchautor von ›Raiders Of The Lost Arc‹ (›Jäger des verlorenen Schatzes‹), Kasdan, arbeiten wollte. »Ich versprach mir etwas von Larry Kasdan, nachdem ich einen Artikel über ihn in dem Los Angeles Times' Calendar gelesen hatte«, sagt er. »In dem Artikel hieß es kurz: Vielversprechender Regisseur – aber unbekannt.« Costner meinte, das hätte auch auf ihn zutreffen können: »Kevin hat Talent – aber keine Rollen.« Drei Jahre später sollte Costner eine winzige Rolle in John Badhams ›War Games‹ bekommen.

Aber, wie schon erwähnt, Kasdan drehte ›The Big Chill‹ (›Der große Frust‹), und Badham entließ Costner großmütig aus seinem Vertrag. »Die Arbeit mit Larry in ›The Big Chill‹ war der erste große Schritt in meiner Karriere«, sagte Costner damals. Als der Star ›zur Wiedergutmachung‹ ein Angebot bekam, sagte er: »Das ist eine Sache zwischen uns beiden.« Er meint, daß seine Familie über die im Schneideraum gelandeten Szenen viel enttäuschter war als er selbst. »Meine Frau und meine Eltern waren außer sich, aber mich berührte es kaum. Ich wußte, ich war im richtigen Film mit den richtigen Leuten. Ich wußte, daß ich in dem Film mitgespielt hatte, und das konnte mir keiner mehr nehmen.«

Kasdan erinnert sich seiner Schuldgefühle, als er Costner aus den Chill-Szenen schneiden ließ. »Ich nahm die Szenen heraus, in denen er war«, sagte der Regisseur, »und mir war klar, daß ich diesem jungen, begabten Schauspieler eine Rolle schuldig war.« Als die Kasdans ihr nächstes Drehbuch nach ›The Big Chill‹ schrieben, dachten sie dabei an Costner. Für ›Silverado‹ wollten sie jemanden wie ihn haben, denn »er hat Energie, Unbeschwertheit, Drive, und gleichzeitig Intensität. Ich wollte, daß Jake die gleiche ungezähmte Energie, das ungestüme Vorwärtspreschen hatte, das mich bei den Westernhelden immer so fasziniert hat.«

Costner äußert sich gegenüber Reportern und allen, die ihm zuhörten, begeistert über seine Rolle als Cowboy: »Silverado bringt alles, was man sich nur wünschen kann.

Pferde, rauhe Kerle und Schießereien. Einfach ein Riesenspaß.« Bei den Außenaufnahmen war es extrem kalt. Sie drehten vom Winter bis Frühlingsanfang in Santa Fe, New Mexico. Costner fror erbärmlich und konnte kaum schießen, weil seine Finger vor Kälte steif waren. »Die Szenen, wo ich meine Colts um die Zeigefinger wirble, wurden bei eisiger Kälte gedreht.« Zu dieser Zeit war Costner im Reiten noch nicht sehr geübt. Nach einem vierwöchigen Intensivkurs im Reiten und Schießen kam er im November in Santa Fe zu den Dreharbeiten an.

In diesem Film gab es eine besonders schwierige Szene. Nach einer gewaltigen Schießerei sollte ein Stampede über MacKendricks (ein böser Viehbaron) Ranch hinwegbrausen. Costner beschreibt die Schwierigkeiten dieser Szene. Man könnte meinen, er würde damit seine eigenen Probleme erklären, die er Jahre später mit seiner Büffelherde in ›Der mit dem Wolf tanzt‹ hatte. Er erinnert sich weiter: »Es hat uns wirklich verrückt gemacht. Wir brauchten elf Tage, um diese Aufnahmen abzudrehen, denn die Stampede klappte einfach nicht. Wir saßen fest und verloren viel Zeit. Die Kühe wollten nicht mitspielen. Sie waren wirklich dumm.«

Als ›Silverado‹ anlief, wurde man sofort auf Costner aufmerksam, aber nicht immer so, wie er es sich gewünscht hätte. Nach der Premiere hob die Kritik vor allem Costners Leistung hervor und erklärte ihn ohne Umschweife zum Sexsymbol.

Das paßte Costner gar nicht. Er sagt: »Ich glaube nicht, daß ich so sexy bin. Es gibt Männer, die im klassischen Sinn schön sind, und die wissen, warum sie einer Frau gefallen. Aber ich sehe mich nicht so. Ich will nicht so sein, wie die Kritiker es von mir erwarten, und ich kann mir von ihnen nichts vorschreiben lassen.« Er war nicht darauf gefaßt, daß er als Jake diese Wirkung auf die Frauenwelt haben würde. Er dachte, er würde einfach nur einen ›Cowboy‹ spielen. »Darauf war ich nicht vorbereitet. Ich wollte nur einen Cowboy spielen und meinen Spaß daran haben, aber ich hätte nie gedacht, daß die Frauen so darauf reagieren.«

Seine weiblichen Fans wird es vielleicht interessieren, daß er früher ein ziemlicher Draufgänger war. »Ich traf mich nie ein zweites Mal mit einem Mädchen. Meine Affären waren von kürzester Dauer. Eigentlich konnte man sie nicht einmal als das bezeichnen. Es waren mehr Kollisionen«, erzählt er. Sein Lotterleben hörte aber abrupt auf, als er das College verließ und Cindy Silva heiratete. Costner ist ganz ehrlich, wenn er über Cindy spricht. »In umgekehrten Situationen hätte ich mich nie so geschickt verhalten wie sie. Ich wäre nie so klug wie Cindy gewesen. Cindy und mir ergeht es auch nicht besser als allen anderen. Wir streiten uns, diskutieren die Probleme aus, und es ist nicht alles eitel Freude.« Costners Kommentar in der Zeit, in der seine ersten Fans auftauchten: »Die Mädchen laufen mir nicht nach. Aber manchmal halten mich die Jungs auf der Straße an, um mich ihren Freundinnen vorzustellen. Aus irgendwelchen Gründen betrachten sie mich nicht als Gefahr. Sie sagen dann zu ihrem Mädchen: ›Hey, das ist der Bursche, der dir neulich im Kino so gut gefallen hat.‹«

Der Erfolg begann, langsam an der Psyche des jungen Schauspielers zu nagen. »Ich habe mich nicht geändert«, sagt er mit Nachdruck. »Ich bin immer noch für alles Neue in meinem Leben dankbar. Als wir unsere erste Limousine kauften, haben meine Frau und ich ein Foto davon gemacht. Unsere Nachbarn kamen und fotografierten uns, wie wir davor posierten. Als wir das erste Mal erster Klasse flogen, riefen wir unsere Eltern an und erzählten ihnen von dem Essen, das uns auf dem Flug serviert worden war. Ich habe die Chancen bekommen, mein Leben in einer Art zu genießen, wie ich es mir nie vorgestellt hatte, und ich werde nicht zulassen, daß diese Dinge an mir vorübergehen.«

Getreu diesen Worten, weiterhin offen für alles zu sein, bleibt Costner ein Mensch, der das Staunen nicht verlernt hat. Costner sah sich zum Beispiel fünfmal ›Silverado‹ an. Nachbarn und Freunde, die in der gleichen Straße wie Cindy und er lebten, legten das Geld für einen Babysitter zusammen. Sie fuhren dann mit ihren Nachbarn mehr als dreißig Meilen in ein Westwood-Theater, um sich den Film anzusehen. Im Kino nahmen sie eine ganze Reihe in Beschlag, und alle waren aufgeregt, als auf der Leinwand Name und Konterfei ihres Freundes und Nachbarn erschien. Costner erzählt aus dieser Zeit: »Wir lebten in dieser durch und durch bürgerlichen Nachbarschaft. Wenn ich im Vorgarten den Rasen mähte, blieben die Leute mit ihren Kinderwagen stehen. Meine Nachbarn konnten es nicht fassen, als mein Name auf der Leinwand zu sehen war. In der Nacht wollten sie überhaupt nicht schlafen. Sie wollten darüber reden.«

Ganz gleich, wie ›normal‹ oder ›bürgerlich‹ sich Costner sehen mag, sein Leben hat sich grundlegend geändert. Ein Reporter berichtet von einem Vorfall, wo Costner bei einem gesellschaftlichen Anlaß gestört wird. In ›US‹ wird die Story folgendermaßen erzählt: »Eine junge Frau, groß und blond, taucht auf und schreit: ›Sind Sie ein Untouchable – ein Unbestechlicher?‹ Dabei ist sie nur eine Handbreit von seinem Gesicht entfernt. Costner bleibt unbewegt, zieht sich innerlich instinktiv zurück und blickt ausdruckslos über ihren Kopf in den Raum. Er steckt eine Hand in seine Hosentasche, mit der anderen drückt er sein Glas gegen die Brust. Er bleibt höflich, ist vielleicht etwas amüsiert. Er will niemanden beleidigen und möchte in nichts hineingezogen werden. Es ist ihm, so hat es jedenfalls den Anschein, peinlich. Ihr Freund entschuldigt sich, stellt sich vor, gibt ihm die Hand. ›Der hat auch in ‚Silverado’ mitgemacht‹, erklärt er ihr. Dann ahmt er Costners gekonnte Nummer mit den Colts aus einer der Hauptszenen nach, feuert zwei imaginäre Schüsse ab und ruft wie Jake: ›Ka-boom, hast zwei Kerle erwischt, richtig?‹ ›Richtig.‹ Costner lächelt, ohne den Mund zu öffnen. ›Ich verzieh’ mich‹, sagt er und stellt im Fortgehen sein Glas auf die Bartheke.«

›American Flyers‹ Die Sieger *Bildarchiv Engelmeier*

5005-32

›The Untouchables‹ Die Unbestechlichen *Paramont Pictures*

Viele Hollywoodschauspieler mögen Eingriffe in ihre Privatsphäre vielleicht nicht stören. Für sie gehört Klappern zum Handwerk. Costner aber versucht eisern, sein Privatleben zu wahren. Er gibt zu, es geahnt zu haben, daß die Rollen des ›romantischen Helden‹, des jungen Liebhabers, auf ihn zukommen würden und daß ihn jeder fragen würde, wie seine Frau mit seinem Status als Sexsymbol fertig werden würde. »Jeder, der uns näher kennt, fragt sich, wie Cindy das aufnimmt. Es ist wie bei Tracy und der Hepburn oder der ewigen Liebesgeschichte in ›The Way We Were‹ (›So wie wir waren‹), wo es auf der Leinwand knistert. Es ist schwer für Cindy, Schritt zu halten. Sie wird jetzt besser damit fertig. Sie sagte einmal: ›Was mich so sehr stört, ist, daß die Leute denken, du hättest die Traumfrau an deiner Seite (in seinen Filmrollen) – und dabei bin ich doch die Frau.‹ Und sie hat recht.« Gerüchte über ihre Schwierigkeiten kursierten seither, obwohl Klatschgeschichten über Costners Liebesleben nur selten gedruckt wurden. Die Versuchungen und Turbulenzen, die sein rasanter Aufstieg durch ›Robin Hood – König der Diebe‹ und ›Der mit dem Wolf tanzt‹ mit sich brachten, führten dazu, daß Costner sich während der Dreharbeiten zu ›Robin Hood‹ völlig atypisch verhielt. Aber davon später.

Costner war realistisch genug, um den Druck, den der Erfolg auf ihn ausübte, richtig einzuschätzen. Auf der einen Seite erforderte seine Karriere lange Arbeitszeiten, auf der anderen Seite wollte er seine Ehe und sein Familienleben nicht gefährden. Er ist sich im klaren darüber, daß Cindy nicht ahnen konnte, als sie sich in ihn verliebte und ihn heiratete, daß ihr Ehemann einmal Sexsymbol und Superstar würde. »Man muß diese Dinge herunterspielen und einordnen, will man ein normales Leben aufrechterhalten. Ich versuche, mich meiner Familie gegenüber nicht groß herauszustellen, weil ich das ja sonst sowieso immer mache. Es würde mein Leben sehr vereinfachen, wenn diese Dinge nicht existierten. Das ganze Drum und Dran und der Lebensstil machen alles schwieriger. Ich wäre wirklich enttäuscht von mir, wenn unsere Beziehung kaputtgehen würde – wenn ich es nicht fertig brächte, diese Filme zu machen und dabei meine Ehe aufrechtzuerhalten. Cindy hat das alles mitgeheiratet. Vor zehn Jahren war ich noch nicht Schauspieler. Es ist ein großes Risiko, und wir müssen damit fertig werden.« Diese Belastungen nahmen damals erst ihren Anfang. Die Costners schwammen auf der Welle des Erfolgs, die sie seit ›Silverado‹ erfaßt hatte.

Ein amüsanter Vorfall ereignete sich, als Costner auf dem Filmfestival in Venedig zur Aufführung von ›Fandango‹ und ›Silverado‹ erschien. An einem Spätnachmittag saß er in der Bar des Excelsior und wollte sich einen antrinken. Als er sein Glas hob und aufblickte, betrat Mel Gibson die Bar. Gibson wollte sich ebenfalls einen antrinken, und so fing es an. Nachdem sie sich einiges hinter die Binde gegossen hatten, beschlossen sie, eine Rundfahrt zu machen. Wie Costner sich erinnert, wollten sie sich dafür Fahrräder ausleihen und eine Runde drehen. »Wir gingen hinaus, aber die Räder waren alle abgeschlossen. Mel machte sich auf die Suche und fand tatsächlich ein ungesichertes – aber nicht zwei. Ich sagte, ich würde fahren, schließlich hatte ich ja gerade diesen Radrennfahrer-Film hinter mir. Und es war großartig. Wir waren am Lido. Mel saß auf der Lenkstange, wie E. T. Ich glaube, es war sogar Vollmond.«

Costner betont ständig, daß ihm sein Image als Sexsymbol nicht behagt, was zwei seiner Regisseure bekräftigen. Der eine war Ron Shelton, der in dem Baseball-Film ›Annies Männer‹ (›Bull Durham‹) Regie führte, und der andere Phil Alden Robinson, der die Regie in ›Feld der Träume‹ führte. Shelton bestätigt: »Costner mischt sich unter die Menge und entfernt sich unauffällig. Ein großer Auftritt würde ihn eher verlegen machen.« Phil Alden Robinson meint: »Costner ist ein Mann, den Frauen anziehend finden, und Männer haben nicht das Gefühl, von ihm an die Wand gedrückt zu werden. Er muß sich auch nicht aufspielen.« Costners ›nette-Jungen-Masche‹, zu der etwas Härte, Sex und Witz gehören, hat ihm ein Heer weiblicher Fans auf der ganzen Welt eingebracht.

So sehr Costners Talent und Geschick des Drehbuchautors, Regisseurs und Produzent Kasdan auch schätzt, so findet er stets etwas, was man verbessern oder verändern könnte. Costners Ruf, ein besessener Perfektionist zu sein, bestätigt sich hier. Wie Kasdan sagt: »Bei praktisch jeder Szene gab er seine eigene Meinung kund. Er ist wie ein Brunnen, aus dem die Ideen nur so hervorsprudeln. Aber ich kann mir nicht jedesmal zehn von seinen Vorschlägen anhören. Ich mußte meinen Bruder als eine Art Filter dazwischenschieben.

Marily Vance, Kostümbildnerin bei ›Die Unbestechlichen‹ (›The Untouchables‹) kann dies nur bestätigen. »Er stellt Tausende von Fragen. Er macht es keinem leicht, am wenigsten sich selbst.« John Badham hat auch seine Erfahrungen gemacht, wie mühsem es sein kann, Costners Einsatz und Energie am Drehort zu kompensieren. »Sein Verstand läuft die ganze Zeit auf Hochtouren. Wie wäre es, wenn ich das so machen würde...? Was wäre, wenn ich das oder das sage...? Es war meistens eine Verbesserung, aber es war auch eine Erleichterung, wenn er endlich auf dem Fahrrad saß.«

Unzählige Beispiele bestätigen dieses Bild von Costner, und sogar solide Profis wie De Palma betonen, daß es nur wenige gibt, die von ihrer Arbeit so besessen sind wie Costner. Und das sagt Costner zu seiner Verteidigung: »Man muß den Gefühlen wie ein Detektiv auf der Spur bleiben, wenn man seine Rolle spielen will. Wenn man nicht aufpaßt, nicht voll dabei ist und den Überblick verliert – nun, dann kann man doch einpacken.« De Palma kommt Costner zu Hilfe und erklärt, warum er so viel in die Rolle seines Eliot Ness hineininterpretierte. »Kevin hat nicht einen falschen Knochen in seinem Leib. An seiner Stelle äußert er sich impulsiv über Gesetz und Recht. ›Wir müssen rein bleiben‹, sind seine Worte, und man nimmt sie ihm sofort ab, weil er eine angeborene Reinheit besitzt, die wiederum dem Charakter des Eliot Ness zugrunde liegt. Er ist eine Art weißer Ritter in einer Jauchegrube. Kevin wächst in diesem Film über sich hinaus. Er schafft die Gradwanderung, einen schlichten, aufrechten Charakter zu spielen und dabei so nahe wie möglich an einen Bösewicht heranzukommen.« Durch Costners Darstellung ist der Charakter des Eliot Ness glaubwürdig. Costner wuchs auch mit den ständig zunehmenden Anforderungen, die sein Durchbruch als Schauspieler mit sich brachten. Nachdem man ihn in ›Silverado‹ gesehen hatte, wollten Publikum und Produzenten mehr von ihm, sehr viel mehr.

›FANDANGO‹
›AMERICAN FLYERS‹ und ›SILVERADO‹
im Spiegel der Kritik

›FANDANGO‹
Regie: Kevin Reynolds

Aus: ›People‹ (Irma Velasco)
›Drehbuchautor und Regisseur Kevin Reynolds, ein Steven-Spielberg-Protegé, debütiert mit einem ausgesprochen witzigen Film über fünf Studenten aus Texas, die 1971 ihre College-Ausbildung absolvieren und beschließen, eine Sauftour durch die Wüste zu unternehmen... Kevin Costner führt die Freundesschar an, mit dem Übermut der Verzweiflung. Er hat den Einberufungsbefehl nach Vietnam in der Tasche. Costner ist dynamisch präsent und steht im Zentrum des Films. Sein Charme ist unaufdringlich, und für einen Südkalifornier hat er einen nicht zu übertriebenen texanischen Akzent. Es gibt auch ein paar erotische Stellen, wo Costner von einer jungen Blondine träumt, die ein Feld purpurroter Blüten durchstreift. Das echte Problem bei dem Film FANDANGO scheint daran zu liegen, daß er nicht weiß, was er ist. Eine Liebesgeschichte? Ein Anti-Kriegsfilm? Ein sozial-

kritisches ANIMAL HOUSE II? In der Wüste steckengeblieben, sagt Costner: ‚Nirgendwo hingehen, ist das Privileg der Jugend.' Jedenfalls kein Privileg, daß sich junge Filmregisseure leisten können.‹

›DIE SIEGER – AMERICAN FLYERS‹
Regie: John Badham

Aus: ›MacLeans‹ (Lawrence O'Toole)
›AMERICAN FLYERS ist außerordentlich ansprechend und packend, zum Teil seiner Charaktere wegen, die unter einer ziemlich alltäglichen Haut tiefere Qualitäten durchschimmern lassen... Badham versteht es, das Tempo des Films zurückzunehmen, um subtil Gefühle anzudeuten oder zu entschlüsseln. Ein Verdienst, das sowohl ihm als auch dem Drehbuchautor Steve Tesich zukommt, der 1979 den Oscar für das Script von BREAKING AWAY erhielt... AMERICAN FLYERS ist eine moderne Rarität – ein Autorenfilm persönlicher Bilder und Botschaften... Ohne Druck auf die Tränendrüsen und allzu großes Pathos berührt AMERICAN FLYERS ein paar empfindsame Stellen, die in einem Bruderkonflikt aufgedeckt werden.‹

Aus: ›Newsweek‹ (David Ansen)
›Die Versuchung liegt nahe, AMERICAN FLYERS als einen schamlos manipulierten Film abzutun. Rührseligkeit scheint in dieser Kombination Trumpf zu sein: Da haben wir den ehrgeizigen Teilnehmer an einem sportlichen Wettkampf (hier ist es ein Radrennen) und den jungen Mann, dessen Leben durch eine erbliche Krankheit bedroht ist. Das Ganze wird mit der neckischen Zweideutigkeit gewürzt, wer von den beiden Brüdern ins Gras beißen wird. Marcus (Kevin Costner), der Arzt? Oder der jungenhafte Davy (David Grant), der seinen Träumen nachhängt und sich beweisen muß?
Ärgerlich daran ist nur, daß Autor Steve Tesich (der bereits

das Drehbuch zu dem Fahrradfilm BREAKING AWAY schrieb und Regisseur John Badham (SATURDAY NIGHT FEVER) nicht irgendwelche Dilettanten sind: Details und Dialoge stehen weit über dem etwas seifigen Thema. Auch der in seiner Introvertiertheit eindrucksvolle Costner beweist, daß sein SILVERADO keine Eintagsfliege war.‹

›SILVERADO‹
Regie: Lawrence Kasdan

Aus: ›Time‹ (Richard Corliss)
›Da haben wir ihn also, SILVERADO, den Western aus der Nouvelle cuisine. Ein Gemansche und Sammelsurium von Gaunern, korrupten Sheriffs, Guten und Bösen; von Landnahme, Terror und Viehbaronen; ausgebleichter Prärie und Sandwüste. Und das Ganze dauert nur zwei Stunden und dreizehn Minuten. Weniger ein Prozent der Zeit, die Sie brauchen würden, um die gesammelten Werke von John Wayne durchzusitzen! Und wenn Sie sich sofort daranmachen, legen wir noch neun, ja, neun aufsteigende Filmstars dazu –

Kevinklinescottglennrosannaarquettejohncleesekevincostnerbriandennehydannygloverjeffgoldblumundlindahunt

– von denen sich keiner in seiner Haut wohl gefühlt hat. Als Drehbuchautor (RAIDERS OF THE LOST ARK – Jäger des Verlorenen Schatzes) sowie Autor und Regisseur (BODY HEAT – Eine eiskalte Frau) hat Lawrence Kasdan das Skalpell an die Matinee-Serien und das Film Noir-Melodrama angesetzt. Aber der Western ist nicht totzukriegen!‹

Aus: ›The New Republic‹ (Stanley Kauffmann)
›SILVERADO ist wie ein überladenes vollgestopftes Sandwich – eher appetithemmend als anregend. Oder vielleicht besser überhaupt kein richtiges Sandwich: ein großer

Fleischberg in der Mitte, der krampfhaft eine Beziehung zu zwei weit auseinanderklaffenden Brotscheiben sucht. Mein Vorschlag – und das machen viele, wurde mir gesagt: Lassen Sie sich zwei Extrascheiben Brot geben, nehmen Sie den ganzen Kram nach Hause und bereiten Sie sich daraus zwei Sandwiches zu, bißgerecht und eßbar ohne Maulsperre.

Wenn sich das bei SILVERADO machen ließe, bekäme man zwei erträgliche Siebzig-Minuten-Filme. Der Streifen ist hoffnungslos überladen – viel zuviel Handlung (ohne durchgehenden Strang), viel zuviel typisierte Figuren, viel zuviel typisierte Szenen und viel zuviel – und ich meine, viel zuviel – Musik à la Symphonieorchester.‹

Aus: ›The New Yorker‹ (Pauline Keal)
›Lawrence Kasdan ist ein unpersönlicher Handwerker, ein Nachzügler aus der Zeit der Hippies, ohne persönliche Handschrift. Seine Akteure sind typisiert: vier Helden auf dem Ritt nach Westen, nach Silverado in den 1880er Jahren. Gespielt werden sie von Kevin Kline, Scott Glenn, Kevin Costner und Danny Glover, die wiederum auf vielfältige Weise mit Linda Hunt, Rosanna Arquette, Brian Dennehy, John Clesse und Jeff Goldblum involviert sind. Aber die Akteure wissen anscheinend nichts Rechtes mit ihren Rollen anzufangen. Ich habe zwar darauf gewartet, daß sich die Kerngeschichte dieser vier Männer herausschälen würde und daß die Schurken am Ende der gerechten Strafe zugeführt würden. Aber soviel ich sehen konnte, ist dies nicht passiert.‹

TEIL II

Seine Filme

Viertes Kapitel

›Die Unbestechlichen‹
und
›Es gibt kein Zurück – No Way Out‹

Mit ›Die Unbestechlichen‹ (›The Untouchables‹) erlangte
Kevin Costner sofort Anerkennung und Star-Ruhm. Obwohl
Costner zehn Jahre brauchte, um als Star zu arrivieren, rea-
gierte nach diesem Film jeder so, als ob Costner es über
Nacht geschafft hätte.

Produzent Art Linson zweifelte nie an Costner und wußte
von Anfang an, daß er Eliot Ness wäre. Linson sagt: »Ich
hatte keine Zweifel, daß Kevin für diese Rolle der Beste wäre.
Ich wollte ihn sofort haben, nachdem ich ›Silverado‹ gesehen
hatte. Für mich sah er wie ein Filmschauspieler aus dem mitt-
leren Westen aus – der klassische jugendliche Held mit einer
Prise Gary Cooper. Ich war der Auffassung, daß Eliot Ness
ein echter, blauäugiger Amerikaner sein müßte. Auch wenn
Mel Gibson seinen Akzent los geworden wäre – ihm hätte
etwas gefehlt. Paramount war nervös. Kevin hatte noch keinen Namen. Da haben wir ihn einfach mit Schauspielern
umgeben, die einen berühmten Namen hatten.«

Sie waren wirklich berühmt. Die Besetzung von ›Die
Unbestechlichen‹ war Weltklasse. Sean Connery, Robert
DeNiro und Andy Garcia. Sie alle erbrachten bewunderns-
werte Leistungen, wobei sich die beiden Superstars, Connery und DeNiro, als Kontrahenten bekämpften.

Wie Pauline Kael schreibt: ›Die Disney-Filmemacher wußten, daß Schneewittchen allein zu langweilig sein würde. Sie
brauchte die sieben Zwerge. Und Mament und De Palma
wissen, daß sich Eliot Ness, der Familienvater, besser abhe-

ben würde, wenn man ihn mit Außenseitern umgibt, die nichts mit ihm gemeinsam haben, außer Mut, Loyalität und den Glauben an die Gerechtigkeit.‹

Um sicherzugehen, daß er bei dieser Konkurrenz bestehen würde, verdoppelte Costner, der ja für seinen Perfektionismus bekannt ist, seine Hausaufgaben. Es las jedes greifbare Buch über die zwanziger und dreißiger Jahre, das von der Prohibition, von Schwarzbrennern und Alkoholschmugglern handelte. Er fuhr mit seiner Frau die Drehorte des Films ab. Sie beugten sich über das Fotomaterial der Chicago Historical Society, auf dem die Ablichtungen von Gebäuden, Taxis und kugelsicheren Westen zu sehen waren. Er suchte die Witwe eines Capone-Gefährten auf und ließ sich von ihr aus der ›alten Zeit‹ erzählen.

Costners übertriebene Genauigkeit machte auch hier nicht halt. Adolph Brown war Angestellter in Ness' Büro. Der Schauspieler unterhielt sich ausführlich mit ihm. Auch mit Bob Feusel, dem Präsidenten der Federal Criminal Investigators Association. Er lernte mit einer 38er und einer 45er umzugehen und wußte, was beim Rückstoß zu beachten ist.

Costner traf sich sogar mit dem achtundachtzigjährigen Al Wolff, der einer der echten ›Untouchables‹ war. Wolff entpuppte sich als Goldgrube für Informationen.

Wolff hatte den Spitznamen ›Wallpaper‹ (›Tapete‹), denn das war das einzige, was in den Stehkneipen übrigblieb, die er wegen unerlaubten Alkoholausschanks schließen ließ. Er war 1929 Mitbegründer eines Teams zur Verbrechensbekämpfung, das von Ness geleitet wurde. Die zwei arbeiteten bis 1933 zusammen. Wolff half Costner dabei, in die Rolle von Ness zu schlüpfen.

»Ich würde sagen, wir waren ziemlich harte Jungs«, erinnert sich Wolff. »Eliot Ness war so jung wie ich, als ich ihn damals kennenlernte. Er wurde ein harter Kerl, aber ein harter Kerl mit Klasse. Er war naiv, als er anfing, aber er lernte. Er lernte, etwas härter zu werden, weil es auch etwas gefährlicher wurde.«

Wolff konnte Costner sogar von seiner einzigen Begegnung mit Capone erzählen. Er berichtet: »Ich traf Capone nur einmal, in Hot Springs, Arkansas. Zu der Zeit arbeitete ich noch mit Ness, aber ich war im Urlaub. Ich hatte meine Identität bereits aufdecken müssen, da ich vor Gericht aussagen sollte. Capone kam zu mir und sagte: ›Oh, Sie sind also Wolff. Habe schon viel Nettes über Sie gehört.‹ Sehen Sie, ich war als Agent ein Außenseiter. Ich hätte nie das Gesetz gebrochen, um jemandem zu seinem Recht zu verhelfen.«

Wolff erzählt weiter: »Capone fuhr fort: ›Sie haben die Leute nie aufs Kreuz gelegt. Sie haben sie in die Pflicht genommen. Sie sind ein netter Kerl. Ich wünschte, ich hätte bei meinen Leuten ein paar Jungs wie Sie.‹ Und ich sagte: ›Sie können mich nicht haben. Ich möchte länger leben.‹

Die Zeitungen schrieben dauernd über ihn. Sie verglichen ihn mit Robin Hood. Es war bekannt, daß er zu Weihnachten Freßkörbe an die Armen verteilen ließ. Ich habe ihn nie jemanden umbringen sehen. Den Film können Sie vergessen. Der Film ist Hollywood. Persönlich schien mir Capone ganz in Ordnung zu sein. Aber als ich ihn traf, sagte ich ihm, daß ich über das, was er tat, nicht stillschweigend hinwegsehen könnte.«

Nach Wollfs Meinung war Costners Darstellung von Eliot Ness besser als die von Robert Stack in der Fernsehserie, der die Erinnerungen von Ness zugrundeliegen.

Wolff sagt: »Robert Stack war in der Rolle des Eliot Ness nicht annähernd so gut wie Kevin Costner. Er war von Anfang an knallhart. Als die Filmleute mich aus meiner Versenkung holten, damit ich Costner erzählen sollte, wie Ness war, habe ich ihm gezeigt, wie er gehen muß. Ness ging langsam. Und ich habe Costner gezeigt, wie er mit der Waffe umgehen muß. Ich sagte: ›Wenn du deine Waffe ziehst, sei bereit, sie zu benutzen, denn es geht um Leben oder Tod.‹ Teile des Films entsprachen der Wirklichkeit, aber es waren auch viele Hollywood-Klischees drin, die man hineinbringen mußte. Mir hat der Film viel Spaß gemacht. Costner hat sein Bestes als Schauspieler gegeben – und ich als Lehrer.«

Eine interessante Randerscheinung der Wolff-Story: Seine eigene Familie wußte nichts von seiner Verbindung zu Ness Ende der zwanziger und Anfang der dreißiger Jahre. Sie erfuhr es erst, als die Produzenten an ihn herantraten.

Es dauerte nahezu zwei Jahre, bis ›Die Unbestechlichen‹ anliefen. Produzent Art Linson und Ned Tanen von der Paramount, Präsident der Motion-Picture-Gruppe, trafen sich zu einem Arbeitsfrühstück. Tanen erwähnt, daß er die Rechte der Fernsehserie ›Die Unbestechlichen‹ kaufen wolle. Und als Linson meinte, er würde ›Die Unbestechlichen‹ etwas aufpolieren, war Tanen begeistert.

Linson hatte aber seine Zweifel. Wie er sich erinnert: »Ich wollte weder ein Remake machen noch einen Mehrteiler und schon gar nicht eine Parodie. Ich wollte einen großangelegten Film über den Mythos amerikanischer Helden schaffen.«

Brian De Palma führte die Regie in dem Film nach einem Drehbuch von David Mamet. Es war sein erster Drehbuchauftrag, nachdem er den Pulitzer-Preis für sein Broadway-Stück, ›Glengarry, Glen Ross‹ erhalten hatte.

Linson mußte Mamet erst ausgiebigst bewirten, um ihn zu überzeugen, daß es für ihn beruflich doch sehr vorteilhaft wäre, nach seinem Broadway-Erfolg ein Filmdrehbuch zu schreiben. Wie Linson erzählt, mußte er ihm zureden wie einem lahmen Gaul.

»›Finden Sie nicht, daß es karrieremäßig ratsam wäre, das Remake einer TV-Serie zu machen?‹ fragte ich ihn«, erinnert sich Linson. »Sicher«, antwortet Mamet, bevor Linson ihm noch weiter um den Bart gehen mußte. Die TV-Serie ›Die Unbestechlichen‹ lief von 1959 bis 1963 und verschwand von der Bildfläche, als die Erfolgsshow ›Sing Along With Mitch‹ startete.

Nachdem er die zweistündige Originalfernsehfassung von ›Die Unbestechlichen‹ gesehen hatte, erklärte Mamet: »Wunderschön, aber da war nichts, was ich für den Film gebrauchen konnte. Ich mußte eine Original-Story schreiben. Es war nicht sehr dramatisch, wie man Al Capone gefaßt hatte«, erzählte er über den Gangster, der letztendlich wegen Steuerhinterziehung verhaftet wurde.

Linson gelang es schließlich, De Palma von dem Film zu überzeugen, nachdem er ihm den dritten Entwurf des Drehbuches vorgelegt hatte. De Palma, der mit spannungsgeladenen, brutalen Thrillern bekannt geworden war, hatte es allmählich satt, weitere Filme dieses Genres zu machen. Aber als er das Drehbuch gelesen hatte, war er Feuer und Flamme.

»Bei ›Die Unbestechlichen‹ war es ganz anders. Ich merkte sofort, daß ich mich mit den einzelnen Charakteren viel mehr auseinandersetzte«, sagte er. »Ein Thriller ist darauf angelegt, das Publikum zu schockieren, es hilflos zu machen. Aber ›Die Unbestechlichen‹ habe ich nie als reinen Gangsterfilm angesehen. Für mich war es mehr so etwas wie ›Magnificant Seven‹ (›Die glorreichen Sieben‹).«

Die Besetzung für diesen Film erwies sich als äußerst schweirig, da man zur Unterstützung Costners hochkarätige Schauspieler brauchte. Als erstes galt es, Sean Connery für die Rolle des Malone zu verpflichten, dem irischen Cop mit dem sprichwörtlichen ›Herz aus Gold‹, der sich als einer der wenigen nicht von Capone kaufen ließ.

Linson zögerte, bevor er Connery verpflichtete. Er konnte sich nicht vorstellen, einfach zu seinem Agenten, Mike Ovitz, zu gehen und zu sagen: »Wir möchten Sean Connery als Nebendarsteller zu Kevin Costner – und übrigens, viel zahlen können wir ihm nicht.«

Aber genauso lief es ab. Als Connery das Drehbuch las, begeisterte ihn die köstliche Idee, Al Capones ›barocker Südländermentalität mit eingebautem Machiavelli-Mechanismus – samt dem ganzen Polizeiapparat, den er in der Tasche hatte – die Stirn zu bieten.‹

Connery war bereit, die Rolle für eine geringe Gage zu übernehmen, unter der Bedingung, prozentual an den Einspielergebnissen beteiligt zu werden (was übrigens ein sehr raffinierter Schachzug von ihm war). Connery bewunderte De Palmas Arbeit insgeheim und war an einer Zusammenarbeit mit ihm interessiert. »Ich hatte seine Filme gesehen, also nahm ich die Gelegenheit wahr, selbst einmal unter seiner Regie zu arbeiten. Er ist technisch nicht zu überbieten und hat ein gutes Stilgefühl, außerdem war er völlig furchtlos, wenn er sich von seinem Instinkt leiten ließ«, sagte Connery.

»Die Bausteine seiner Filme haben mir immer gefallen, aber mein Gefühl war, daß sie nicht ganz zusammenpaßten. Dann kamen wir ins Gespräch, und ich merkte sofort, worauf er hinauswollte – ich erkannte, wie genau er die emotionale Färbung der einzelnen Charaktere festlegen wollte... wie gut die menschlichen Aspekte durchdacht waren... Ich bin sicher, das emotionale Niveau dieser Story wird viele überraschen«, fügte Connery hinzu.

Die Dreharbeiten waren äußerst schwierig, weil das Wetter nicht mitspielte und der starke Verkehr in der Innenstadt von Chicago die Aufnahmen behinderte. Costner wurde auf eine harte Geduldsprobe gestellt, da er seine Szenen nur spielen konnte, wenn es die Verkehrspolizei erlaubte. So vertrieb er sich die Zeit, indem er auf den Dächern, sechs Inches vom Dachrand entfernt, in einer Höhe von 120 Fuß entlangspazierte, um sich für die nächste Szene, einen erbarmungslosen Kampf auf Leben und Tod, vorzubereiten.

Da das schlechte Wetter Verzögerungen und lange Wartezeiten mit sich brachte, sank die Stimmung von De Palma und Linson bald auf den Nullpunkt. Das veranlaßte Connery und Costner, am Drehort für gute Laune zu sorgen. Costner führte eine seiner Lieblingsnummern vor – er improvisierte Paul Newman und Richard Boone in ›Hombre‹. »Da sind Sie ganz schön auf dem Holzweg, Mister«, spricht er mit der heiseren Reibeisenstimme von Boone. »Wie stellen Sie sich denn die Hölle vor?« Costner hatte keine Ahnung, daß Connerys Ex-Frau, Diane Cilento, in dem gleichen Film die verführerische Pioniersfrau spielte. »Wer war diese Frau eigent-

›No Way Out‹ Es gibt kein zurück *Globe Pictures*

›Bull Durham‹ Annies Männer *Bildarchiv Engelmeier*

lich?« fragte Costner ihn einmal. »Das war meine Frau«, antwortete Connery mit dem unverschämten James-Bond-Grinsen.

»Das war deine Frau?« gab Costner fassungslos zurück. »Fabelhaft. Donnerwetter, Sean, du bist vielleicht eine Nummer!« Nervös gewordene Mitglieder der Crew blickten ungeduldig in den Himmel und suchten nach Anzeichen für eine Wetterbesserung.

Der nächste, der für diesen Film verpflichtet werden konnte, war der junge Schauspieler Andy Garcia, und zwar für die Rolle des Stone, Ness' italienisch-amerikanischen Scharfschützen. Dann wurde Charles Martin Smith für die Rolle des Oscar Wallace engagiert, des Buchhalters, der sich zum wehrhaften Kämpfer mausert. Connery gab allen drei jungen Schauspielern Schützenhilfe und setzte sich mit der Figur des Ness auseinander. »Wir waren übereingekommen, daß ich sie beim Drehen und auch sonst unter meine Fittiche nehmen würde«, erklärte Connery.

Connery hat den Film verteidigt, als er sagte: »Dieser Film ist kein Ammenmärchen. Er ist wahr.« Der Sieg des David über Goliath ist das eigentliche Thema des Films, und deswegen hält man auch allgemein Costners Darstellung des Eliot Ness für vollkommen glaubwürdig, da der Held des Films nur langsam begreift, daß er Gewalt einsetzen muß, um dem Recht zum Erfolg zu verhelfen.

Costner erwies sich wieder als großer Tüftler, als er über Drehbuchänderungen zur besseren Charakterisierung des Eliot Ness nachdachte. »Ich wache mitten in der Nacht auf und mache mir Notizen über Dinge, die mir durch den Kopf gehen. Für ›Die Unbestechlichen‹ ließ ich Zeitungsausschnitte an das Schwarze Brett pinnen, um meinen Werdegang als Eliot Ness zu zeigen. ›Ness wird rot‹; ›Krieg der Worte beginnt: Ness gegen Capone‹; ›Ness wird es nie schaffen‹«, erinnert er sich.

»Ich arbeite wirklich gern mit hochqualifizierten Leuten, aber ich würde nie, niemals, einen Vertrag annehmen, nur weil ich mit jemandem zusammenarbeiten möchte«, sagte er in bezug auf die hochkarätige Besetzungsliste. »Ich arbeite mit jedem, wenn das Drehbuch stimmt. Ich würde fünf Western hintereinander machen, wenn es fünf großartige Drehbücher sind.«

Costner vergaß aber später seine Grundsätze, als er sich für ›Robin Hood – König der Diebe‹ verpflichten ließ. Der Film versprach, ein Kassenerfolg zu werden, und Costner entschloß sich zur Mitarbeit, weil sein Freund Kevin Reynolds Regie führte. Der Film strapazierte ihre Freundschaft aufs äußerste, und Costner kommentierte ihn als seinen »ihn künstlerisch am wenigsten zufriedenstellenden Film«.

Costner wurde oft vorgeworfen, daß er die Rolle des Eliot Ness total heruntergespielt hätte. Aber schließlich ging es um einen Eliot Ness, der seiner Frau versprach, er würde bei seiner Jagd auf Capone »so vorsichtig wie eine Maus« sein, einen Ness, der ein fast spießig intaktes Familienleben führte.

Costner erzählt: »Einmal sagte ein Reporter zu mir: ›Für mich ist Eliot Ness ein Waschlappen.‹ Und ich sagte: ›Haben Sie den Film gesehen? Sie wollen damit sagen, daß dieser Mann kein Held im klassischen Sinn war, aber haben Sie gesehen, daß er jemals einen Schritt zurückging? Jemals?‹« Auch wenn Ness nicht in die stereotype Schublade des Helden passe, meint Costner, so bedeute das noch lange nicht, daß er kein Held ist.

Er betont: »Sie sehen so einen Mann, einen Mann wie Eliot Ness, der eine Familie hat, und all das schätzt, was dazugehört, und das paßt nicht zum Archetyp des starken Mannes.« Daher ist es nicht sehr verwunderlich, daß Ness manchen etwas zu ›naiv‹ und zu ›freundlich‹ erscheint, besonders, wenn man ihn beim Karottenschneiden sieht oder wie er auf einem Schneepflug herumfährt und seinen Leuten zuruft: »Laßt uns Gutes tun.«

Apropos ›harte Kerle‹: Der Widerstreit zwischen Ego und Genie wurde für Art Linson und die Paramount-Studies zu einem kritischen Thema, als es um die Besetzung der im Mittelpunkt stehenden Rolle des Al Capone ging. De Palma wollte De Niro haben, der für seinen Perfektionismus und seine fast neurotische Vorliebe für Details gefürchtet war. Paramount wurde nervös. Schließlich würden sich die zweiwöchigen Dreharbeiten, die für De Niro angesetzt waren, auf 1,5 Millionen Dollar belaufen. Und man fragte sich, ob er das wert wäre. Schließlich gab Paramount nach.

Das Originalbudget, das mit 17 Millionen Dollar beziffert war, schwoll sehr bald auf 24 Millionen Dollar an, noch bevor der Streifen abgedreht war. Patrizia von Brandenstein, die für die Bauten in ›Amadeus‹ verantwortlich war, baute einen Teil der La Salle Street nach. Sechzig Oldtimer, vierhundert Maschinengewehre, Revolver und Gewehre, sowie eine Unmenge von Statisten und Stuntmen taten das übrige. Auf Capones Anordnung hin mußten damals die Straßen blitzsauber gehalten werden. Interessanterweise erwähnt De Palma, daß Capone in puncto Korruption der gleichen Meinung war: »Sie muß ganz sauber sein.«

Der Regisseur hatte gehofft, die Original-Eisenbahn aus dieser Zeit zu bekommen, aber als die Pfennigfuchser der Rechnungsstelle entdeckten, daß der Spaß 200000 Dollar kosten würde, lehnten sie ab. De Palma mußte improvisieren. Für die Schlüsselszene im Bahnhof verwendete er einen Teil der Union Station.

Nach seiner Verpflichtung blieb De Niro seinem Ruf treu, ein besessener Perfektionist zu sein, mit einer besonderen Vorliebe für Details. Er erklärte, daß der sizilianische Italiener, den er in ›Godfather II‹ (›Der Pate II‹) gespielt hatte, sich von dem neapolitanischen Italiener Capone unterscheide. »Der Sizilianer ist dunkler und schwerer, er ist näher an Afrika. Die Neapolitaner sind lebhafter und heißblütig.«

Ähnlich wie bei ›Raging Bull‹ (›Wie ein wilder Stier‹) nahm De Niro für seine Rolle des Al Capone fünfundzwanzig Pfund zu, indem er Unmengen von Pasta verschlang und alles trank und aß, was dick machte. De Niro sagt darüber:

»Zuzunehmen war mühsam, sehr mühsam und deprimierend. Es ist das letzte Mal, daß ich so etwas mache.«

De Niro erweiterte seine Nasenflügel mit Stöpseln und ließ Haar und Haaransatz verändern, um Capones birnenförmigen Kopf zu imitieren. Wie De Niro erzählt: »Es klingt einfach, aber es dauerte eine geschlagene Woche. Ich saß sieben Stunden hintereinander beim Friseur, wo an mir herumgeschnippelt, rasiert und gezupft wurde, immer mit Blick auf Fotos von Al Capone. Es war unglaublich. Wenn nur ein Haar verrutschte, sah es unecht aus.«

Für De Niro wude eine vollständige Garderobe angefertigt. Man beschäftigte dafür sogar den Schneider, der damals für Capones seidene Unterwäsche zuständig war. Viele Stunden lang probierte er die verschiedensten Anzüge, Hemden, Mäntel und sogar verschiedene Zigarren vor der Kamera. Man könnte ihm hier wieder seine Manie fürs Detail vorwerfen, wenn sie nicht mit seiner Begabung gekoppelt wäre. Linson verteidigt sich: »Bob hat das gute Recht, all das zu tun.«

Vor De Niro hatte die Paramount Bob Hoskins (›Who Framed Roger Rabbit?‹ – ›Falsches Spiel mit Roger Rabbit‹) engagiert. Linson bestand aber auf De Niro und bekam ihn auch. Ein günstiges Vorzeichen für Costner, angesichts all der arrivierten Namen bei den Titeln an erster Stelle zu stehen.

Costner hatte anfangs etwas Angst vor seinem Regisseur, was sich aber als unbegründet erwies. »Brian hatte stets ein Ohr für mich. Egal, was ich sagte, er war immer ein geduldiger Zuhörer, und auf jede Frage bekam ich eine Antwort«, sagte er.

»Im Film habe ich eine kleine Tochter, die ich jeden Abend zu Bett bringe. Und ich wollte ein kleines Ritual daraus machen. Sie verstehen schon, Daddys Gute-Nacht-Arie, ein Küßchen links, ein Küßchen rechts, dann ein Schmetterlingskuß, ein Eskimokuß. Wir haben nämlich später eine Szene, wo man uns auseinanderreißt, wo ich von meiner Familie getrennt werde. Also habe ich damit angefangen, und die anderen Schauspieler sagten: ›Was soll denn das?‹ Aber Brian hat es total verstanden. Ob er es gutgeheißen hat oder nicht, jedenfalls schimpfte er nicht sofort darüber. Vielleicht hat es ihm überhaupt nicht gefallen. Er war für alles offen«, erinnert sich Costner.

Costner war überwältigt, mit Sean Connery und Robert De Niro am gleichen Set zu sein. Es war ihm klar, daß er nun in der ›obersten Liga‹ spielen würde, und saugte alles begierig auf, was er von ihnen lernen konnte.

»De Niro und Connery sind sehr wissensdurstige und interessierte Kollegen«, meint Costner. »Man braucht nur ein Thema zu berühren, und schon machen sie große Augen und Ohren – sie wollen alles genau wissen. Was sie so groß macht, ist, daß sie wissen, was kein anderer weiß.«

Costner hatte die Vorstellung, daß Ness das Alter ego von Malone sein sollte. »Meine Herausforderung«, sagt er, »besteht darin, daß die Leute einen Menschen sympathisch finden, der einen moralischen Standpunkt einnimmt, auch wenn er in den ersten zwanzig Minuten eher wie ein Einfaltspinsel und Langweiler wirkt. Wichtig ist doch, daß die Leute mich in einer Rolle mögen. Ich bin nicht auf den dicken Happen aus. Ich suche das Häßliche, um es an die Oberfläche zu bringen. Um die Leute darauf aufmerksam zu machen. Sie sollen sich umsehen und sagen: ›Wer wird damit fertig werden? Wer hat das Zeug dazu? Wer ist dazu bereit?‹ Möglich, daß Eliot Ness gar nicht dafür ausgerüstet ist – aber er will es.«

Eine Weile war Costner besorgt, daß die Anweisungen von Mamet, De Palma und Al Wolff, wie Eliot Ness zu spielen sei, falsch wären. Er glaubte, daß das stählerne Image, das Robert Stack der Fernsehrolle gegeben hatte, unterminiert würde. »Kann ich das so durchziehen?« hatte er sich damals gefragt. »Werde ich das Publikum am Ende des Films gewinnen können? Es ist ein tiefes Loch, aus dem man herausklettern muß.«

Mamet und De Palma hörten ihrem Star geduldig zu und

überzeugten ihn davon, daß er sich täuschte. Costner meint jetzt: »Sie hatten recht. Die Leute sagen immer, sie wollen keinen zweiten Rambo. Tja, hier ist Eliot Ness. Er hat nicht auf alles eine Antwort. Er denkt nicht mit seiner Waffe. Er fühlt sich an die Wand gedrückt. Er ist naiv. Die Kritiker verlangen immer etwas anderes, und wenn man es ihnen gibt, dann mögen sie es nicht.«

Das Publikum mochte die Figur des Ness, weil er nicht gewalttätig vorgeht – es sei denn, er rächt sich, z. B. als er den Mann umbringt, der für den Tod von Malone verantwortlich ist. Es ist ein Akt der Gerechtigkeit, nach dem Prinzip ›Auge um Auge‹. Ness wendet nur Gewalt an, um das Gute wieder an die Oberfläche zu bringen.

Es gab natürlich auch Differenzen in der künstlerischen Auffassung des Drehbuches. Mamet hat Art Linson wie Brian De Palma deswegen in nicht allzuguter Erinnerung. Linson und De Palma bestanden auf mehreren Änderungen des Originaldrehbuchs. »Mit einigen der Sachen, die sie wollten, war ich nicht einverstanden, aber das meiste war recht hilfreich«, sagte er.

Mamet schrieb das Script siebenmal um: Produzent und Regisseur hatten erheblichen Einfluß auf die endgültige Fassung, die Geist und Würze des Originalscripts zum Großteil beibehalten hatte. Trotzdem sein Kommentar im Magazin ›American Film‹: ›Es war mir eine große und dauernde Freude, Linson mit einem schlichten, ehrlichen ‚Hau ab‘ zu verabschieden.‹

Als die Produktion des Films abgeschlossen war und Linson in einem Flugzeug nach Los Angeles saß, blickte er von seiner Zeitung auf. Der Mann, der neben ihm saß, war der Darsteller des Eliot Ness in der Fernsehserie, Robert Stack. Die beiden waren sofort in eine angeregte Unterhaltung vertieft.

»Der Ness, den ich spiele, paßt nicht in einen Fernsehfilm«, sagte Stack zu Linson. »Mein Ness ist wie ein kochender Wasserkessel, dessen Deckel ständig hochgeht.« Als Linson ihm erzählte, daß der Film einen jüngeren, häuslichen Ness zeigt, war Stack skeptisch. Vor der Landung klopfte er dem jungen Produzenten auf den Rücken und sagte: »Machen Sie sich keine Sorgen. Wenn es für euch alle so gut ausgeht wie für mich, dann werdet ihr sehr, sehr zufrieden sein.«

Der Film, der bis jetzt über 75 Millionen Dollar einspielte, hat Linson und die Paramount wirklich sehr, sehr zufrieden gemacht.

›DIE UNBESTECHLICHEN‹
im Spiegel der Filmkritik

Aus: ›The New Yorker‹ (Pauline Kael)
›Sonderagent Eliot Ness (Kevin Costner) ist ein frisch und unverdorben aussehender Neuling, der nicht einmal versteht, daß der Schwarzhandel mit Alkohol nicht ohne Mithilfe der Polizei florieren könnte, und daß die Gangster die Beamten, die Richter und den Bürgermeister bestochen haben. Zunächst fragen wir uns, wie jemand überhaupt auf die Idee kam, daß dieser Naivling der Aufgabe gewachsen wäre (oder daß Costner seiner Rolle gerecht werden würde). Das ist aber Absicht des Films: Mamet und De Palma wollen uns in dem Glauben wiegen, daß Ness in seinem anständigen grauen Anzug zu anständig ist, um Chicago zu säubern (Costners Farblosigkeit wurde kalkuliert eingesetzt)... Ness sagt am Anfang des Films, daß er zu allem bereit wäre, um der Kontrolle Capones über die City ein Ende zu machen, daß er aber dabei nie das Gesetz überschreiten würde. Sein Charakter ist so angelegt, daß er sich im Laufe der Handlung besser kennenlernt und sich bewußt wird, daß er mehr tun muß.‹

›Es gibt kein Zurück – No Way Out‹

Als nächste Filmprojekt, nach dem Bombenerfolg von ›Die Unbestechlichen‹, wählte Costner ›Es gibt kein Zurück – No Way Out‹, ein Remake von Charles Laughtons und Ray Millands Film ›The Big Clock‹, der 1948 entstand. Der Film wurde wieder von Mace Neufeld, Laura Ziskin und Robert Garland produziert, im Verleih von Orion Pictures. Garland schrieb das Drehbuch in Anlehnung an die Novelle ›The Big Clock‹ von Kenneth Fearing. Regie führte der Australier Roger Donaldson (›Smash Palace‹).

Der Film ist ein intellektuell anspruchsvoller Suspense-Thriller. Costner meinte vor der Premiere: »Sie werden nicht wissen, welchen Ausgang der Film nimmt. Mir haben immer schon Stories gefallen, bei denen man denkt, man wüßte, wie es ausgeht – aber dann schnappt die Falle zu.«

Der Film gab Costner die Möglichkeit, mit dem temperamentvollen Gene Hackman als US-Verteidigungsminister zu spielen. Die weibliche Hauptrolle hatte Sean Young. Kritikerin Pauline Kael meinte, Gene Hackman hätte einen Ausdruck an sich, daß man meinen könnte, er wäre nicht gerne in diesem Film, und daß er hoffte, »dieser Film wäre bald vorbei«.

Die erotische und attraktive Sean Young spielt Susan Atwill, eine Mätresse, auf die alle scharf sind.

Roger Donaldson wollte die Rolle des Lt. Commander Tom Farrell mit Costner besetzen, nach seiner intensiven, die ›Hölle verrücktmachenden‹ Leistung als Jake in ›Silverado‹. Donaldson war der Meinung, daß ›der wilde Mann‹, der sich hinter Costners ›Surfer-Boy‹-Gesicht verbirgt, genau das hatte, was die Figur verlangte. Costner spricht von seinem Bemühen, sich mit dieser Rolle zu identifizieren: »Wenn ich spiele, dann verliere ich gern die Kontrolle. Wen ich auch spiele, ich trete in seine Welt ein und schaue sie mir nicht nur von außen an. Und genau das machen wir ja im Film. Wir gehen in die Welt anderer Menschen hinein. Mitten hinein.«

In dem Film spielt Costner einen jungen Marineoffizier, der den Auftrag bekommen hat, einen Zeugen ausfindig zu machen, der einen Mord begangen haben bzw. ein sowjetischer Agent sein könnte. Der einzige Faktor, der seine Ermittlungen behindert, ist das Nichtauftauchen des Kronzeugen.

Hackman spielt den Verteidigungsminister, der sich mit seiner attraktiven Geliebten gerne bei allen größeren Veranstaltungen Washingtons zeigt (wo auch seine Frau anwesend ist), damit er sie im Auge behalten kann.

Als er herausfindet, daß sie sich mit einem anderen Mann eingelassen hat – er weiß nicht, daß es Farell ist –, tötet er sie ungewollt bei einer heftigen Auseinandersetzung. Hackmans Adjutant muß sich einen Plan aushecken, um die Geschichte zu vertuschen. So erfinden sie die Story von einem sowjetischen Spion, dem man den tragischen Unfall anhängen kann.

Am Schluß entpuppt sich Costner als Agent des sowjetischen Geheimdienstes, dessen doppelte Identität mit allen Trugschlüssen aufräumt und der ›die Falle zuschnappen‹ läßt, von der Costner gesprochen hat. Dieses aufgesetzte, wenig glaubwürdige Plot-Element bewirkte, daß der Film von den Kritikern verrissen wurde.

John Alcott erwies sich bei diesem Film noch einmal als meisterlicher Kameramann, bevor er bei einem Autounfall ums Leben kam. Regisseur Donaldson hielt den Film ständig in einer eigendynamischen Bewegung, wobei Aufnahmen von Washington und Umgebung eine ansprechende und elegante Szenerie schufen.

Angefangen vom Botschaftsgebäude bis zum Labyrinth der Korridore im Pentagon, bleibt die Handlung an Festpunkte gebunden. (Ein Mittel, um, wie in ›Die Hard‹ – ›Stirb langsam‹, die Spannung zu steigern: Sämtliche Akteure sind an einem Ort gefangen, und der Plot wird dann in rasanter Action aufgelöst.)

Der Film präsentiert uns Costner mehr als Liebhaber denn

als Held, aber auch als Action-Mann. Eine unerwartete Aktualität erhielt Donaldsons Thriller dabei durch die Aufdeckung der sogenannten Iran-Contra-Affäre und den sich anschließenden Aufstieg des Oliver North zum kurzlebigen Volkshelden.

Wie gewöhnlich schockierte Costner Produzenten und Versicherungsgesellschaften, weil er darauf bestand, seine Stunts selbst zu machen. Der Film zeigt z. B. eine sehr gefährliche Verfolgungsjagd per Auto. Costner spielte alles selbst, obwohl er, wie Donaldson später herausfand, ohne Brille überhaupt nichts sehen kann. Diese waghalsige Kühnheit läßt die Versicherungsgesellschaften zittern und macht Costner zu einem der Männer, die ihren ›Wert‹ immer unter Beweis stellen wollen.

Es gab noch einen zweiten, sehr riskanten Stunt in dem Film, den Costner auch wieder selbst ausführen wollte. Als Tom Farell muß er eine tollkühne Rettungsaktion auf See bestehen. Unter gefahrvollen Umständen und den entsetzten Blicken der Versicherungsagenten führt Costner den Stunt aus.

Als er gefragt wurde, ob er jetzt, als Star mit hohem kommerziellen Wert, nicht mehr unbedingt darauf bestehen würde, sämtliche Stunts selbst auszuführen, antwortete er: »Ja. Das klappt nicht sehr gut. Das ist jetzt zu spät. Ich habe mir selbst Beschränkungen auferlegt. Ich habe keine Todessehnsucht. Ich werde nichts tun, was ich nicht verantworten kann – oder was ich nicht unbedingt machen muß. Aber wenn ich keinen finde, der es besser macht als ich, dann steige ich in den Ring. Ich bin nun einmal so. Ich gehe in meinen Filmen auf. Ich bin für die gerade Linie. Film ist für mich Herausforderung.«

Die ständige Action in ›Es gibt kein Zurück – No Way Out‹ war genau das, was Costner sich wünschte. Seine sportliche geschmeidige Beweglichkeit kommt als Teil seines Charakters voll zum Tragen. Wie Costner erzählt: »Action ist etwas, mit dem ich mich sehr identifiziere. Wenn mir irgend etwas im Weg steht, dann renne ich durch, springe drüber, oder tue das, was meiner Ansicht nach ein normaler Mensch in dieser Situation tun würde. Man läßt seine Schußwaffe nicht herumliegen, man nimmt sie an sich. Wenn man um sein Leben rennt, dann nimmt man doch kein Mädchen mit, das über seine hochhackigen Schuhe stolpert. In einem cleveren Film wird sie doch ihre verdammten Schuhe ausziehen! So fit bin ich nicht. Wenn wir jetzt rausgehen und joggen würden, ginge mir wahrscheinlich nach vier- oder fünfhundert Yards die Luft aus.«

Eine besondere ›Action‹, die bei seinen Fans das größte Echo hatte, spielte sich allerdings mit Sean Young auf dem Rücksitz einer Limousine ab. Strümpfe, Strapse und Unterwäsche wurden so schnell ausgezogen, daß es reichte, um das Familienvater-Image des Eliot Ness zu revidieren.

Die Sex-Szene bei diesem obligaten Quickie sollte laut Drehbuch vor Leidenschaft überkochen. Sean Young gibt zu, daß es für sie und Costner schwierig war, eine so intime Szene vor dem Stab, den Kollegen und der Kamera zu spielen. Sie berichtet darüber: »Kevin war nervös. Der Stab war nervös. Der Regisseur war besorgt. Es war keine angenehme Erfahrung. Es macht niemals Spaß, seinen Körper zu entblößen. Was andere sagen, gilt nicht für mich. Mir wurde schlecht, als ich meinen Körper oben auf der Leinwand sah. Ich konnte es nicht verhindern, daß meine Mutter und mein Freund das sehen. Wir mußten diese Liebesszenen in der Limousine drehen. Wir waren froh, als wir das Wort ›Klappe‹ hörten. Und dann saß der eine rechts und der andere links im Polster – und alles war im Kasten. Wir gönnten uns eine Pause und dann sagte ich: ›Also schön, Honey, mach mir mein Kleid zu und laß uns gehen.‹«

Costner reflektiert über dieses Gefühl der Unbehaglichkeit, das ihn bei Liebesszenen beschleicht. Über seine Liebesszene in ›Annies Männer‹ mit Susan Saradon sagt er folgendes: »Ich habe mich bei Sex-Szenen nie wohl gefühlt. Man denkt schon am Abend vorher daran. Man möchte nicht in

Verlegenheit gebracht werden. Es ist sehr schwer, mich dazu zu bewegen, mein Hemd auszuziehen. Ich weiß nicht warum. Ich fühle mich eben unbehaglich dabei. Ich habe es getan, aber ich mache es nicht einfach so mit links. Ich meine, ich bin nicht prüde. Sie haben meine Filme gesehen. Ich muß mich ans Drehbuch halten. Was mich am meisten stört ist, daß jetzt jeder weiß, wie ich küsse.«

Costners Feststellung scheint ehrlich zu sein, wenn er sagt, wie ungern er sich auszieht. Aber seiner Hosen scheint er sich schneller zu entledigen als seines Hemdes. In den drei Filmen ›Eine gefährliche Affäre – Revenge‹, ›Der mit dem Wolf tanzt‹ und ›Robin Hood‹ hatten wir das Privileg, den nackten Hintern des ›sich genierenden Stars‹ zu bewundern. Vielleicht glaubt er, daß seine Rückseite die Schokoladenseite ist.

Sean Young sagt: »Der ganze Sex-Kram macht ihn ziemlich verlegen. Für ihn ist es eine Art notwendiges Übel. Aber außerhalb seiner Arbeit konzentriert sich sein Leben ganz auf seine Familie.«

›Es gibt kein Zurück – No Way Out‹ war für Orion Pictures kein kommerzieller Erfolg. Der Film hatte ungefähr 32 Millionen Dollar in den USA und Kanada eingespielt – nicht genug, um als Kassenerfolg eingestuft zu werden.

Aber Costners Liebesszenen und sein heiterer Charme brachten ihm ein Heer neuer männlicher und weiblicher Fans ein. Er wurde zum ›Star von Morgen‹ gewählt, wegen seiner Leistung in diesem Film und des Erfolgs von ›Die Unbestechlichen‹.

Costner wurde entschieden zu einem Publikumsliebling, mit dem man in Hollywood rechnen mußte. Kritiker meinten, er sei der erste Hauptdarsteller seit Harrison Ford, der zu einem Matinee-Idol geworden ist, aber der Schauspieler wollte sich nicht nur als ein weiteres sympathisches Gesicht abstempeln lassen.

Kurze Zeit danach sollte er sich einen Ruf als Produzent und Regisseur machen.

›ES GIBT KEIN ZURÜCK – NO WAY OUT‹
im Spiegel der Filmkritik

Aus: ›Time‹ (Richard Schickel)
›Der an den Haaren herbeigezogene Schluß in No Way Out
(ein absurd verdrehter Plot) verdirbt das packende, intelli-
gente Remake von The Big Clock aus dem Jahre 1948. Ein
Marineoffizier (Kevin Costner) hat den Auftrag, einen Mord
aufzudecken, den sein Chef, der Verteidigungsminister
(Gene Hackman) verübt hat, bei dem aber der Offizier der
Hauptverdächtige ist. Costner und das Opfer in spe (Sean
Young) legen eine heiße, leidenschaftliche Liebesszene am
Rücksitz einer Limousine hin, als ob noch keiner etwas von
ansteckenden Krankheiten gehört hätte... Warum Donaldson und der Drehbuchautor Robert Garland auf die Idee
kamen, die Sympathien für Costners Charakter und ihren
gut gemachten Film für seine zweite, völlig überflüssige
Identität zu opfern, wird wahrscheinlich genauso geheimnisvoll bleiben, wie der Grund für diese Idee.‹

Aus: ›National Review‹ (John Simon)
›Nicht die Sachen, die als leinwandbesudelnder Müll
bezeichnet werden, sind heutzutage deprimierend... was
wirklich deprimiert, sind die Sachen, die von Kritikern gelobt
werden, die es besser wissen sollten... In No Way Out
kommt es zu einem trickreichen Ende, das jeden Funken von
Logik vermissen läßt und jede Glaubwürdigkeit und Anteilnahme beim Publikum zuschanden macht. Daß die
Zuschauer bis zum Ende sitzen bleiben, ohne ihr Geld
zurückzuverlangen, ist vielleicht noch überraschender als
die völlig unpassende Diskussion über russische Literatur in
einem völlig unpassenden Moment... Kevin Costner, der
aufsteigende Superstar, war meines Erachtens als wilder
kindhafter Bruder in dem gräßlichen Silverado bestens
besetzt, auch als steifer, farbloser Eliot Ness in De Palmas
unbeschreiblichen Unbestechlichen. Als Tom Farell läßt er

mich wieder kalt. Ich traue keinem Gesicht, das zweimal soviel Kinnlade wie Stirn hat, und wenn eine rauhe Stimme interessant sein kann, so ist eine belegte nur jämmerlich... Costner gelingt es irgendwie, beides zu sein, provozierend und langweilig – aber das entspricht vielleicht dem Zeitgeschmack des heutigen Helden.‹

Aus: ›The New Yorker‹ (Pauline Kael)
›No Way Out‹ ist völlig unglaubwürdig, aber der Regisseur peitscht die Handlung mit schnell wechselnden Kameraeinstellungen voran, daß man kaum Zeit hat, sich nach dem Sinn der Verfolgungsjagden zu fragen und warum die Handlung einen völlig unlogischen Verlauf nimmt... Den Schauspielern bleibt fast nichts, mit dem sie arbeiten können... Man muß sich immer auf die Action konzentrieren, die immer dort stattfindet, wo Kevin Costner ist, oder besser gesagt, wo Kevin Costner in Gefahr ist, denn darum rankt sich der ganze Film... Der Film, so wird aus Costners Sicht berichtet, trickst sich selbst mit einem überraschenden Schluß aus, macht das, was wir gesehen haben, zunichte und hält uns damit zum Narren... Als ehrgeiziger, aufstrebender junger Mann besitzt Costner die angenehme Eigenschaft, nicht zu viel über sich nachzudenken, und man nimmt ihm ab, daß er das tut, was von ihm verlangt wird. Trotzdem ist der agile Bursche, der den ganzen Film über in Bewegung gehalten wird, in Wirklichkeit hohl. Er hat weder innere Dynamik noch kinetische Energie.‹

Fünftes Kapitel

›Annies Männer‹
und ›Feld der Träume‹

›Annies Männer‹ (›Bull Durham‹) ist ein Film, der Costner begeisterte Kritiken und einen zusätzlichen Image-Gewinn als Sexsymbol bescherte. Er stellte den Crash Davis dar, einen Baseball-Spieler, der seinen Sport auch dann noch liebt, als dieser Sport ihn nicht mehr liebt. Nachdem er zwölf Jahre als Fänger in der ›Minor League‹ verbracht hat, befördert ihn der Manager der Durham Bulls zum persönlichen Trainer des jungen Werfers Ebby Calvin LaLoosh (Tim Robbins), eines Mannes mit einem ›Millionen-Dollar-Arm und einem Fünf-Cent-Hirn‹.

Der Film wurde von Mount Company für Orion Pictures produziert, mit Susan Sarandon und Tim Robbins in den beiden anderen Hauptrollen. Ron Shelton führte Regie und schrieb die Dialoge, die Costner in dieser Rolle mit einer direkten, unverblümten Ausdrucksweise ausstaffierten. In einer Szene erklärt Crash Davis seiner Partnerin Annie Savoy (Susan Sarandon): »Ich glaube an eine Seele, an einen Schwanz, den verlängerten Teil des weiblichen Rückens, an linke Curveballs, Vitamine und guten Scotch. Ich glaube, daß Lee Harvey Oswald ein Einzeltäter war. Und ich glaube, daß ein Bundesgesetz Kunstrasen verbieten sollte. Und ich glaube an lange, langsame, tiefe, zärtliche, feuchte Küsse, die drei Tage dauern.«

Der Hauptfigur des Films bedeutet sein Beruf – Baseball – mehr als alles auf der Welt. Ähnliche Charakterzüge wie bei Costner selbst findet man auch bei Crash Davis. Er ist hartnäckig, gerissen und verschlossen, aber wenn er auf dem

Sportplatz steht, dann ist er wieder ein zehnjähriger Junge. An diesem Punkt seiner Karriere scheint Costner Charaktere zu verkörpern, die ihm sehr nahekommen. ›Annies Männer‹ gab Costner die Möglichkeit, seine sportlichen Fähigkeiten einzusetzen, die er sich in seiner Jugend erworben hatte.

»Wenn du die Welt eines anderen betrittst, dann solltest du dein möglichstes tun, um ihr gerecht zu werden«, sagt der Schauspieler. »Bei gewissen Filmen ist das ein Problem. So kann man in einem Sportfilm sehr gut sehen, wenn ein Schauspieler nicht wirklich ein Sportler ist.«

Da Costner sich während seiner High-School-Zeit in drei Ballsport-Mannschaften profilierte, hatte er keine Schwierigkeiten, seiner Rolle gerecht zu werden. Außerdem ist Crashs Liebe zum Baseball mit Costners eigenen Kämpfen zu vergleichen, die er für seine große Liebe – die Schauspielerei – ausgefochten hat.

Er erklärt die Parallele: »Interessant im Vergleich zu mir ist, daß er sich nicht zu schade ist, da unten in Durham zu spielen. Viele sagen: ›Ich gebe der Schauspielerei zwei, drei, fünf Jahre. Wenn ich es in der Zeit nicht geschafft habe, steige ich aus.‹ Ballspieler sagen: ›Nur vier Jahre in der unteren Liga, nicht mehr.‹ Crash, der Ihnen vielleicht etwas zu pathetisch erscheint, gibt seinen Traum nicht auf. Er will um jeden Preis spielen, und das finde ich heroisch.«

Costner verleiht der Figur des Crash sehr viel Menschliches und macht ihn dadurch sympathischer. Der Film ist eine Komödie über Baseball in der zweiten Liga, gewürzt mit einer zweitrangigen Liebesgeschichte. Costner gibt als echter Baseballfan ›Annies Männer‹ die nötige Schärfe und Glaubwürdigkeit – woran es bei vielen anderen Baseball-Filmen hapert. Seine Rolle als Liebhaber spielt Costner ungekünstelt und glaubwürdig.

Obwohl Costner meinte, er hätte Berufssportler werden können, entschloß er sich nicht für diese Laufbahn. »Ich hätte daraus bestimmt etwas machen können«, sagt er, »aber mir fehlte die Überzeugung. Auf dem College war mir nie bewußt, daß ich ein guter Sportler war. Hätte ich mich für Baseball entschieden, wäre ich in diesem Sport aufgestiegen. Wenn ich auf der High-School gesagt hätte, daß ich Baseball-Spieler werde, hätten sie ›Scheiße‹ gesagt. Aber wenn ich ihnen gesagt hätte, ich will Schauspieler werden, hätten sie auch ›Scheiße‹ gesagt.«

Costner erinnerte sich an seine Klassenkameraden aus der High-School-Zeit in seiner Rede bei der Oscar-Verleihung von ›Der mit dem Wolf tanzt‹. Aufgrund seiner häufigen Umzüge empfand er sich während seiner Schulzeit niemals als ›dazugehörig‹ oder als ›einer der Jungs‹.

Nach jedem Wohnortwechsel glaubte er, in seinem neuen Umfeld Eindruck schinden zu müssen, wenn er wieder Freunde gewinnen wollte. Für einen Einzelgänger bestimmt nicht einfach.

Ganz offensichtlich hat Costner nie das Gefühl verloren, ein Außenseiter zu sein, sonst würde er sich nicht im Alter von sechsunddreißig Jahren, nach fünfzehn erfolgreichen Filmen und als Oscar-Preisträger fragen, was die Kameraden von der High-School wohl über ihn denken mögen.

Die Kämpfe, die Crash Davis durchmacht, um seinem Beruf, den er mit Leib und Seele liebt, treu zu bleiben, erinnern Costner an seine eigenen Schwierigkeiten und Opfer auf dem Weg zum langersehnten Durchbruch.

Er bezeichnet es als Ironie, »daß man einen Haufen Geld dafür bekommen kann, daß man etwas tut, was man nicht gern tut. Will man aber etwas tun, was man unbedingt machen möchte, riskiert man oft, daß man alles aufgeben muß. Ich meine, die Aussichten, als Schauspieler Erfolg zu haben, sind wirklich nicht sehr rosig, wobei sie für die Art von Erfolg, die ich im Sinn hatte, noch schlechter waren. Denn wenn schon Schauspieler, dann wollte ich ganz oben sein.«

Das ist vielleicht die Erklärung dafür, daß Crash Davis in der zweiten Liga kleben bleibt, während Kevin Costner es in die erste Liga geschafft hat. Costner weigerte sich, irgendwelche Kompromisse auf seinem Weg nach oben einzugehen, die ihn nicht auf den Gipfel gebracht hätten.

Costner gibt zu, sich völlig im klaren darüber gewesen zu sein, daß Zeit, Hingabe und Ausdauer nötig sein würden, um sich einen Ruf als arrivierter Schauspieler zu schaffen. »Wollen Sie ein Sean Connery sein? Wollen Sie ein Paul Newman sein? Diese Jungs haben Jahre gebraucht, bis sie soweit waren. Das geht nicht von heute auf morgen. Also bin ich mit dem Verlauf meiner Karriere zufrieden. Ich betrachte sie nicht als meteorhaft. Ich betrachte sie als mittelmäßig. Zu stolz bin ich nicht darauf, aber vielleicht insgeheim doch«, erklärt er. Wenn es um seine Schauspielerei geht, dann empfindet Costner ähnlich wie beim Baseballspiel. Es sind die beiden Gebiete, auf denen er sich am besten auskennt. »Mein Schauspielerberuf ist das einzige, was ich neben Baseball von Grund auf verstehe. Alles, was technisch und schauspielerisch mit dem Film zusammenhängt, ist etwas ganz Natürliches für mich.«

Ausschlaggebend für die Unterzeichnung des Vertrages war das ausgezeichnete Drehbuch, die Möglichkeit, einen Baseballspieler darzustellen und zuletzt die Gage von 1,5 Millionen Dollar, die er nach seinen Erfolgen mit ›Es gibt kein Zurück‹ und ›Die Unbestechlichen‹ verlangen konnte.

Costner hatte sich jahrelang hochgekämpft und war jetzt nach diesen beiden Hits auf dem Weg zum Star-Ruhm. Aber es sollte die Rolle des Crash Davis in ›Annies Männer‹ werden, mit der er die Herzen des Kinopublikums gewann.

Die Rolle war das genaue Gegenteil von Costners Eliot Ness. Crash Davis war Junggeselle, großspurig und geschwätzig. Aber Costner selbst hatte mit Crash Davis eines gemeinsam – die Vorliebe für schnelle Autos. Costner, der die übliche Hollywood-Limousine und den Rolls-Royce ablehnt, besitzt den 68er Mustang, den seine Figur in diesem Film fuhr. Er hat sich sogar das Nummernschild mit dem ›Crash D‹ aufbewahrt.

Privat spielt er hin und wieder Baseball mit Freunden und

dem ersten Baseman der Rangers, Rafael Palmeiro. Man kann ihn manchmal im Arlington-Stadion in Daughertys Uniform (Nummer acht) sehen, wo er sehr eindrucksvoll einige Bälle schlägt.

Der Coach Tom Robson nach einem Spiel: »Es war sehr imponierend, wie er rechts- und linkshändig gegen meine Superwürfe schlagen konnte.« Costner antwortete bescheiden: »Ah, er warf nur mit 65 Meilen pro Stunde.« Am Ende der Woche hätte Daugherty ihn beinahe gefragt, wie er seinen eigenen Schlag verbessern könne.

Nach den Sex-Szenen in ›Es gibt kein Zurück – No Way Out‹ und ›Annies Männer‹ – wie manche Kritiker meinen, die heißesten der Filmgeschichte – war Costner sehr schnell als Sex-Symbol abgestempelt. Als er gefragt wurde, wie seine Frau Cindy dazu stehe, sagte er: »Sie können sich wahrscheinlich vorstellen, was meine Frau befürchtet. Ich weiß nicht, wie ich mich in der umgekehrten Situation verhalten würde. Aber so ist es nun einmal, und wir müssen einen Weg finden, um damit fertig zu werden. Meine Frau sagt: ›Wir sind ein großartiges Team. Wir sind ein Paar aus dem richtigen Leben. Es ist keine Love-Story auf der Leinwand, sondern eine echte Liebesgeschichte.‹«

Kevin Costner betont, daß er ständig um seine Ehe bemüht sei und versuche, sie vor seinen Leinwandliebschaften zu schützen. »Es ist nicht einfach. Ich sorge mich um meine Frau und meine Familie und mache mir Gedanken darüber, wie sie mit dem, was ich tue, zurechtkommen; aber ich weiß nicht, was ich machen soll, denn es ist ja offensichtlich, was für eine Art Schauspieler ich bin und daß man mir Rollen anbietet, in denen Liebesbeziehungen zu Frauen vorkommen. Ich bin nicht auf diese Rollen erpicht, aber ich lehne sie auch nicht ab. Abgesehen davon, bin ich lieber mit Pferden zusammen als mit Frauen«, fügt er hinzu.

Obwohl man ihm mehrfach geraten hatte, wieder einen finanziell aufwendigen Film mit Starbesetzung zu machen, entschloß sich Costner zu dem Low-Budget-Film ›Annies

Männer‹ mit dem Regie-Neuling Ron Shelton. Auf den ersten Blick war die Rolle des abgehalfterten Baseball-Spielers Crash Davis eine durchaus riskante Entscheidung. Baseball-Filme hatten an den Kinokassen normalerweise keine großen Erfolge. ›Annies Männer‹ war deswegen auch von allen großen Studios abgelehnt worden, bevor sich Orion nach einigem Zögern für Sheltons Drehbuch entschloß. Wie Costner sich erinnert: »Ron und ich gingen mit dem Drehbuch in der Stadt hausieren, wie zwei Nutten aus Santa Monica. Jeder sagte: ›Er wird wieder ohne Vertrag dastehen.‹ Ich legte das Drehbuch auch Orion vor. Das war an einem Donnerstag. Und ich sagte: ›Sie müssen sich bis morgen mittag entschieden haben.‹ Die Antwort: ›Lassen Sie uns bis Montag Zeit.‹ Ich sagte: ›Nein, ich habe meine Ehrenrunde gedreht. Ich muß jetzt mit meinem Leben vorankommen.‹ Und ich schwöre bei Gott, am Freitag, eine Minute vor zwölf, rief Mike Medavoy an und gab sein Okay.« Eine weise Entscheidung – ›Annies Männer‹ spielte 50 Millionen Dollar ein, viel mehr als Orions vorangegangener Baseball-Film.

Vergleiche zwischen seiner Karriere und dem Sport werden von Costner gerne angeführt, wenn er die Dynamik des Spielers erklären will. Bei einer UCLA-Fragestunde kam sein Star-Image als Sex-Symbol zur Sprache, und er sagte: »Es ist so, als ob Kinder Basketball spielen. Einer bestimmt dann: ›Also, du bist großgewachsen, du spielst Stürmer; du bist klein und spielst Verteidiger.‹ Ich sehe mir ein Drehbuch an und finde die Dinge heraus, die ich spielen muß. Ich meine, es liegt ja auf der Hand, was ich sein soll. Wenn ich ein Drehbuch durchlese, sage ich: ›Also, den feisten Kerl hier spiele ich nicht, das klappt einfach nicht.‹ Ich denke nicht daran, den ›Elephant Man‹ zu spielen, nur um zu beweisen, daß ich ein Schauspieler bin. Ich versetze mich in die Rolle des Erzählers und versuche, im Filmgeschehen zu sein und nahtlos hineinzutauchen.« Costner fährt fort: »Ich hätte gerne etwas von Crash Davis in mir. Er ist nicht zu gut, nicht zu schlecht, und wenn man seine Loyalität auf die Probe stellen würde, dann glaube ich, wäre Crash ein sehr guter Freund. Zu Crashs Ehrenrettung darf man nicht vergessen, daß er über seinen so geliebten Sport lachen kann, und über sich selbst. Und ich habe mir sogar das Auto aus dem Film gekauft.«

Als einige Kollegen Costner baten, für sie Baseball zu spielen, lehnte er ab. Interessanterweise hatte Costner während seiner High-School-Zeit in fast jeder möglichen Spielerposition gespielt. »Was mich bei Sportfilmen schon immer geärgert hat«, sagte er, »war die Tatsache, daß die Schauspieler nie den Eindruck machen, als ob sie das Spiel beherrschen würden.«

Ron Shelton stimmte dem nur zu. Da er selbst fünf Jahre in der zweiten Liga gespielt hatte, konnte er sich wahrscheinlich sehr gut in den enttäuschenden Abstieg des fiktiven Crash Davis hineinversetzen. So beurteilt er Tony Perkins' Darstellung in dem Baseball-Film ›Fear Strikes Out‹ (›Die Nacht kennt keine Schrecken‹), wo er einen Flugball mit zusammengepreßten Handgelenken fängt, als einen absoluten Tiefpunkt dieser Filmart.

Unmittelbar nach der Unterzeichnung des Vertrages traf sich Costner mit dem Regisseur Shelton an einer Bar zu ein paar Drinks. Die meisten Spieler der Baseball-Mannschaft waren noch nicht besetzt, und Shelton sagte, daß er sich noch viele ›ansehen‹ müsse. Costner schlug daraufhin vor, ihn auf die Probe zu stellen. Der Star, der sich schon als Junge auf dem Sportplatz die ersten Lorbeeren verdient hatte, bestand den Test anstandslos. Nach dieser ›Probe‹ mußten sämtliche Mitwirkende ihre Praxis als Schlagmann, Fänger, Werfer etc. beweisen.

Der Film zeigt Crashs Bemühungen als Coach, den jungen Ebby Calvin LaLoosh (Tim Robbins) für die erste Liga zu trainieren, während die Rolle der Susan Sarandon ein Training ganz anderer Art verlangte. Mit fortschreitender Saison wachsen Ebbys Erfolge, Crash und Annie aber müssen tatenlos zusehen, wie ihre Karriere im Sande verläuft.

Als Folge davon gehen sie langsam aufeinander zu, weil sie nicht wissen, wo sie sonst hingehen sollen.

Obwohl der Film ein Happy-End hat, schwebt eine gewisse Traurigkeit über ihrem Leben, als sie versuchen, sich gegenseitig Halt zu geben. Dieses doppelbödige und rührende Ende war einer der Gründe, warum Costner das Drehbuch so gefiel.

»Es hängt nicht davon ab, das letzte Spiel zu gewinnen oder das letzte Spiel zu schmeißen, oder ob der Held auf den letzten Metern Film stirbt«, sagte er. »Es ist nur wichtig, wofür man sich entscheidet.«

Susan Sarandon hatte mit Costner in ›Annies Männer‹ ein paar heiße Liebesszenen zu drehen. Sie hätte Costner sofort sympathisch gefunden, sagte sie, weil er seine Begeisterung und Liebe zum Film so offen zeigte. »Wissen Sie eigentlich, daß er jede Szene aus ›Das war der Wilde Westen‹ nachspielen kann?« fragte sie. »Das war eins von den vielen Dingen, die ihn mir sofort sympathisch machten.«

Susan Sarandon entdeckte, daß hinter Costner mehr steckte als in seinen Filmen zum Vorschein kommt. »Er hat seinen Tribut gezahlt«, meint sie. »Er hat sich gründlich überlegt, wer er sein möchte, was ihm wichtig ist und wofür er sich einsetzen möchte. Er weiß auch haargenau Bescheid, was in der Filmindustrie abläuft. Also kann er sich mit den mächtigen Studiobossen zusammensetzen, seine eigene Meinung haben und gelassen zusehen, wie sie Katz und Maus spielen. Er ist da sehr geschickt«, fügt sie hinzu.

Obwohl sich Costner bei Sex-Szenen eher unbehaglich fühlte, ist seine Darstellung in ›Annies Männer‹ mit Sarandon witziger, natürlicher und erotischer als die mit Sean Young in ›No Way Out‹.

»Ich glaube nicht, daß sich irgend jemand bei solchen Szenen wohlfühlt«, ließ er verlauten. »Zum einen hat die Schauspielerin einen riesigen Nachteil, da man normalerweise die Frau häufiger zeigt als den Mann. Von daher wollte ich mich nicht in diesen Szenen verlieren und damit unabsichtlich etwas enthüllen, was die Damen vielleicht nicht enthüllen wollten. Und wenn man jemanden mag, dann möchte man ihn schützen. Ich hatte das Gefühl, Susan und Sean schützen zu müssen, weil sie in dieser Situation entblößt und verletzbar waren.« Dieser Beschützerinstinkt hat Millionen Frauen für ihn eingenommen.

Sarandon war dankbar für seine Rücksichtnahme; sie sagt: »›Annies Männer‹ mit Kevin Costner zu drehen, war die beste Erfahrung, die ich bis zum heutigen Tag bei meiner Arbeit machen konnte. Kevin kümmert sich um die wesentlichen Dinge. Deswegen wird er auch ein sehr guter Regisseur werden.«

Manche sagen, daß Costner trotz seiner kühlen Fassade einen ausgeprägten Sinn für Humor hat. So wird erzählt, er hätte urkomische Imitationen von Debbie Reynolds und Karl Malden zum besten gegeben. Ron Shelton hat ihm nach dem Erfolg von ›Annies Männer‹ vorgeschlagen, eine Komödie zu machen, aber das hat Costner bis jetzt abgelehnt.

Wie Shelton erklärt: »Er ist komisch. Ich hoffe, er wird sich auf diesem Sektor einmal mehr zutrauen. Er sieht so verdammt gut aus, hat eine so starke Ausstrahlung, daß ich mich frage, ob er Angst hat, sich etwas damit zu vergeben. Man läßt eine Seite von Kevin brachliegen, wenn man ihn nur als starken, introvertierten Typ einsetzt.«

Regisseur Shelton, der sich bestens mit Baseball auskennt, wußte die Tatsache zu schätzen, daß Costners Sorgfalt und Genauigkeit ›Annies Männer‹ zu einem Baseball-Film machte, der nichts mit den üblichen Hollywood-Klischees dieses Genres gemeinsam hatte. Unter anderem imponierte es ihm sehr, daß sein Schauspieler diesen Sport so perfekt beherrschte.

Er erinnert sich: »Er spielte so, wie man es von einem Mann mit dem Namen ›Crash‹ erwarten konnte. Wenn er zum Schlag ausholte, dann waren es *seine* Line Drives und Home Runs, mit denen er gegen einen guten halbprofessionellen Werfer konkurrieren konnte.« Obwohl Shelton mit seinen beiden anderen Filmen erfolgreiche Treffer landen konnte, erzielte dieser Film den entscheidenden Sieg beim Publikum und bei den Produzenten Thom Mount und Mark Burg. ›Annies Männer‹ war Orions größter kommerzieller Erfolg im Jahre 1988, und die Studiobosse glaubten, mit Kevin Costner eine goldene Zukunft vor sich zu haben. Noch ahnte keiner, daß mit Costners Aufstieg der Abstieg von Orion Pictures begann.

In der Rolle des Crash Davis konnte Costner sich von einer leichteren, unbeschwerten Seite zeigen, da er einen Helden mimte, der sich etwas linkisch neben seinen sonstigen zielstebigen Heldentypen ausnahm. In Costners Charakter steckt vielleicht mehr von Crash, als wir alle wissen. Costner stimmt dem zu: »Ich glaube, er ist durch und durch echt und glaubwürdig, so wie er angelegt ist. Er hat seine Fehler, und ich habe meine Fehler. Er besitzt die nötige Portion Humor und das nötige Augenmaß.«

Während des Drehens hatte sich Costner so in seine Rolle hineinversetzt, daß einer der Statisten es für real hielt, als er in einer Sequenz begeistert zu Crash sagen mußte: »Schlag zu!« und zur Antwort bekam: »Halt die Schnauze!« Costner gab diese Worte so bestimmt von sich, daß der junge Schauspieler sie für bare Münze nahm und sich, den Tränen nahe, mit den Worten »*Muß* er das sagen?« an den Regisseur wandte.

Costner war sehr überrascht, daß man ihn während der Dreharbeiten mehr wie einen ›altgedienten Veteran‹ als einen Anfänger behandelte. »Als ich am Drehort mit den anderen Schauspielern zusammentraf, fiel mir auf, daß sie alle zu mir sahen, und das konnte ich kaum fassen... Hauptdarsteller zu sein, bedeutet für mich, auch unterstützender Darsteller zu sein, denn nur so kann man Kollegen mit kleinen Nebenrollen helfen«, sagte er.

›Annies Männer‹ bescherte Kevin Costner (und das ist in seinem Beruf nur selten vorgekommen) die Freundschaft mit Shelton. Die achtwöchige Drehzeit, die weit unter dem

Durchschnitt eines Spielfilms liegt, war für die Besetzung und den Stab sehr strapaziös. Shelton erkannte dankbar an, daß Costner seinen Text im Schlaf beherrschte – und nicht nur seinen eigenen, sondern auch den aller übrigen Mitwirkenden. Costner war bekannt dafür, die Regisseure mit unzähligen Fragen aus der Fassung zu bringen, auf Einzelheiten wie ein Habicht herumzuhacken und auf Dialogänderungen zu bestehen. Eingeweihte berichten, daß es während der Dreharbeiten zwischen Schauspieler und Regisseur zu einigen Diskussionen gekommen war, was Shelton bestätigt. Er meint, daß sie eher fruchtbar und anregend gewesen seien, weil niemand eigensinnig auf seinem Standpunkt beharrte. Als Resultat ihrer Zusammenarbeit beschlossen Shelton und Costner, wieder gemeinsam einen Film zu drehen, wenn das richtige Projekt ihren Weg kreuzen würde.

Der Film brachte Shelton eine Oscar-Nominierung für sein Drehbuch ein.

›ANNIES MÄNNER‹
im Spiegel der Kritik

Aus: ›The New Yorker‹ (Pauline Kael)
›Die Liebeskomödie Annies Männer besitzt die verwirrende Intellektualität der Preston-Sturges-Filme. Eine Satire, die unsere Lust an unbeschwertem Lachen feiert. Wir werden in eine Subkultur geführt, wie zu einem verschämt geheimgehaltenen Winkel unserer Kindheit – dem Baseball der zweiten Liga. Jede Figur in dem Film ist komisch und benutzt eine Sprache, der man mühelos folgen kann, auch wenn man manchmal nicht recht fassen kann, was man da zu hören bekommt. Man ist so perplex, daß einem gerade noch Zeit zum Luftholen bleibt... bevor es wieder losgeht... Kevin Costner kommt hier mit seiner ersten, bewußt als Star erlebten Leistung zum Durchbruch. Von Anfang an ist der Zuschauer auf seiner Seite. Costner läßt uns erkennen, daß

Crash einsam ist, unterspielt aber diese Einsamkeit, so daß sie wie eine Schattierung in Davis' Charakter erscheint. Er läßt sich auf einen Streit mit dem Schiedsrichter ein und treibt ihn so in die Enge, daß er das Feld verläßt. Es ist Costners beste Szene: Er ist ätzend ironisch wie Jack Nicholson in einer seiner Spitzenleistungen.‹

Aus: ›Time‹ (Richard Corliss)
›Crash Davis (Kevin Costner) gehört zu der Spezies von Baseball-Spielern, deren Fluch die Selbstbewußtheit ist... Hilfreich ist, daß Ron Shelton das witzigste und beste Drehbuch seit ‚Mondsüchtig' geschrieben hat, und daß seine drei Stars ausgezeichnete Leistungen lieferten. Costners erotische Ausstrahlung tut ihr übriges. Im Gegensatz zu Sarandons erdhafter, mütterlicher Genialität und Robbins tölpelhafter Egozentrik sprüht Costner Funken.‹

›Feld der Träume‹

Nach dem Erfolg von ›Annies Männer‹ entschloß Costner sich, einen weiteren Baseball-Film zu machen: ›Feld der Träume‹ (›Field Of Dreams‹). Wie üblich versuchte man wieder von allen Seiten, Costner von dieser Idee abzubringen. Freunde und Geschäftspartner hatten ihm von fast jedem Film, bis auf seinen ersten wirklichen Erfolg (›Die Unbestechlichen‹), abgeraten.

Costner berichtet: »Ich hatte bis jetzt eine glückliche Hand bei Filmstoffen. Aber an viele Filme, die ich am Ende doch gemacht habe, wollte anfangs keiner so richtig ran – ich glaube, die Leute lachten nur darüber. Keiner wollte ›Es gibt kein Zurück‹, keiner wollte ›Annies Männer‹ und keiner wollte ›Feld der Träume‹ machen.«

Unterstützung fand Costner bei diesem Projekt durch den Autor und Regisseur von ›Feld der Träume‹, Phil Alden Robinson, der sehr wohl wußte, daß Costner um jeden Preis an einer einmal getroffenen Entscheidung festhielt. Costner ging immer sofort in die Offensive, um die Studiobosse eines Besseren zu belehren, wenn sie der Meinung waren, der Film würde ein Flop werden. Die Verantwortlichen reagierten skeptisch, wenn die Standardelemente des heutigen Erfolgsfilms fehlten, zum Beispiel wilde Auto-Verfolgungsjagden, hocherotische Sex-Szenen und eine plastische, ungeschminkte Sprache.

Costner und Robinson befürchteten, das Drehbuch würde aufgrund fehlender kommerzieller Aspekte geändert werden und hielten wie Pech und Schwefel zusammen. Costner stellte sich auf Robinsons Seite (was er später bei dem Drehbuchautor von ›Der mit dem Wolf tanzt‹, Michael Blake, nicht in diesem Maße tat) und sorgte dafür, daß keiner die Story umschrieb.

Robinson erinnert sich: »Er (Costner) sagte zu mir: ›Paß auf, ab und zu wird man dich zweifellos gehörig unter Druck setzen, damit du etwas änderst. Vielleicht bist du dann bereit nachzugeben, weil dich das Studio weichgeklopft hat oder weil du selbst langsam mürbe und nervös geworden bist. Aber da werde ich hinter dir stehen und dir ins Ohr flüstern: ›Ändere ja kein Wort.‹«

Costners Einstellung zu der Story des Filmes war sehr optimistisch. »Vom Gefühl her glaubte ich daran. Aber es schreckt die Filmleute ab, wenn dem Publikum, das auf die Trumpfkarte wartet, weder Sex noch Gewalt noch Action geboten werden. Aber diese Trumpfkarte kann den geheimnisvollen Zauber einer Liebeswerbung besitzen. Das Warten kann sich lohnen.«

Co-Produzent Charles Gordon war ebenfalls der Meinung, daß der Film ein großes Risiko einging. »In jeder Unterrichtsstunde für Drehbuchautoren könnte man hören, daß diese Story die drei Elemente enthält, die man in einem Film vermeiden sollte: Fantasiegebilde, Baseball und Landwirtschaft«, sagte er.

›Feld der Träume‹ schildert die Geschichte eines Farmers

aus Iowa, Ray Kinsella, der seine Träume (und die ein paar anderer) wahr werden läßt. Costner führte die Vorgefechte und sorgte dafür, daß die Produktion des Films in Gang kommt. Getreu seinem Versprechen an den Autor und Regisseur Shelton, wurde am Drehbuch auch nicht die kleinste Änderung vorgenommen.

Nach dem Erfolg von ›Annies Männer‹ verlangte Costner jetzt 2,5 Millionen Dollar pro Film. Die Dreharbeiten zu ›Feld der Träume‹ zählten zu den angenehmsten in Costners bisheriger Laufbahn. Die Besetzung bestand aus James Earl Jones, Amy Madigan und Burt Lancaster in einer kleineren Rolle. Besetzung und Stab haben höchst erfreuliche Erinnerungen an die Dreharbeiten inmitten eines Maisfeldes, wobei der einzige Nachteil der knochentrockene Sommer von Iowa war.

Es gab natürlich auch einige Differenzen und Spannungen am Set, die aber wegen des auf vierundsechzig Tage limitierten Drehplans vorhersehbar waren. Robinson erinnert sich: »Vierundsechzigmal sagte ich mir: Nie wieder führe ich Regie. Nie wieder! Ich stand unter einem ungeheuren Erfolgszwang.«

Um den Streß während der Dreharbeiten abzubauen, spielte man Baseball oder Golf, ging angeln oder arrangierte Partys im Freien. Costners Familie war den Großteil der Drehzeit bei ihm. Seine Band ›Roving Boy‹ folgte nach, übte in den Drehpausen und spielte zur Unterhaltung der Schauspieler.

Costner war sich allmählich seines endgültigen Durchbruchs in Hollywood bewußt. Er wurde als einer der ›heißesten‹ Tips in Hollywood gehandelt, da immer mehr Studios sich um diesen neuen Hauptdarsteller bewarben. Plötzlich blickte ihm sein Konterfei auf den Titelseiten der Illustrierten entgegen. Er erhielt eine Einladung ins Weiße Haus und wurde gebeten, bei der jährlichen Oscar-Preisverleihung mitzuwirken.

Mit seiner wachsenden Bekanntheit wurde Costner jedoch

bewußt, daß er trotz all der Ehrungen seinen Tribut zahlen mußte. Während der Dreharbeiten zu ›Feld der Träume‹ sagte er: »Etwas stiehlt sich aus meinem Leben, was ich nie wieder haben werde. Es ist wie eine Bedrohung, die mich langsam einkreist.«

Dieses Eingekreistwerden ging von den mächtigen Studios und Agenturen Hollywoods aus. Vor den Dreharbeiten zu ›Feld der Träume‹ unterschrieb er einen Vertrag bei Michael Ovitz, dem einflußreichsten Agenten der Stadt. Der neue Abschluß würde ihm drei Millionen Dollar pro Film plus einer prozentualen Gewinnbeteiligung einbringen.

Costner unterzeichnete auch einen Vertrag mit den Orion-Studios mit der Option, als Schauspieler, Regisseur und Produzent zu arbeiten. Zu diesem Zeitpunkt konnte keiner ahnen, daß das erste von Costner gestartete Projekt – ›Der mit dem Wolf tanzt‹ – zu seinem größten Kassenerfolg werden und ihm den Oscar für den besten Film und die beste Regie einbringen sollte.

Der Baseball-Film ›Feld der Träume‹ ließ Costners Jugend auferstehen. Er durchlebte erneut die Ungewißheit und Unsicherheit, die ihn damals plagten, als er noch nicht wußte, was aus seinem Leben werden sollte.

»Ich hatte diese Art von Neurose, unter der wohl die meisten jungen Leute leiden, wenn man ab einem gewissen Alter noch nicht weiß, was man werden will. Ich kam mir wie ein Versager vor«, sagte er.

Trotz seiner vorangegangenen Erfolge merkte Costner, daß es nicht einfach war, ein Projekt zu verwirklichen und zur Ausführung zu bringen. Aber seine Hartnäckigkeit und Voraussicht haben sich bezahlt gemacht.

»Die meisten Menschen, denen ich vertraute, hielten mich für verrückt, weil ich ›Feld der Träume‹ machen wollte. Aber sie hatten das Drehbuch nicht gelesen. Und als ich den Inhalt der Story erzählte, dachten alle, nun wäre ich vollends übergeschnappt! Als ich das Drehbuch zum ersten

Mal in der Hand hielt, dachte ich, es könnte ein ›It's A Wonderful Life‹ meiner Generation werden«, sagte er.

In dem Film verkörpert Costner einen Farmer aus Iowa, der eine Stimme aus seinem Maisfeld hört, die ihm verkündet, er solle sein Feld in ein Baseball-Feld umwandeln. Als dieser Farmer, Ray Kinsella, der Stimme gehorcht, erscheint ihm der Geist von ›Shoeless‹ Joe Jackson und anderen Baseball-Größen. Während Ray alle weiteren Anweisungen der Stimme befolgt, entdeckt er, was in seinem eigenen Leben fehlt.

Das Baseball-Thema wird hier heruntergespielt und veranlaßt die Kritikerin des ›New Yorker‹, Pauline Kael, zu der Frage: »Fürchten Robinson und seine Produzenten den Fluch, der auf den Kassenerfolgen von Baseball-Filmen lastet, wirklich so sehr, daß sie es nicht riskieren, diesen Sport in den Vordergrund zu stellen? Wir als Zuschauer können nicht nachempfinden, warum Shoeless Joe und die anderen Baseball so sehr lieben, daß sie aus dem Grabe auferstehen, um weiterzuspielen.«

Kael war nicht die einzige, die sich enttäuscht darüber zeigt, daß Baseball nur als Träger traditioneller amerikanischer Werte benutzt wird, anstatt integrierter Bestandteil des Films zu sein. Richard Corliss von ›Time‹ bezeichnet den Film als eine der ›rührseligsten Schnulzen für Männer‹. Andere Kritiken wiederum loben den Film.

Der Streifen ist als eine Metapher für den Generationenwechsel anzusehen und die Verschmelzung der Generationen durch die gemeinsame Liebe zum Baseball. Costner sagte, daß weder ›Annies Männer‹ noch ›Feld der Träume‹ Baseball-Filme seien. »›Annies Männer‹ handelt von Männern und Frauen. Warum sie miteinander auskommen und warum sie nicht miteinander auskommen. Und ›Feld der Träume‹ von Dingen, die in unserem Leben unausgesprochen bleiben. Keiner von beiden ist ein Baseball-Film«, meint er. Costner glaubt, daß Crash Davis und Ray Kinsella die Stärken epischer Westernhelden symbolisieren, die für ihn

zu Rollenmustern wurden, wie John Wayne in ›The Sear-
chers‹ (›Der schwarze Falke‹), Henry Fonda in ›My Darling
Clementine‹ (›Tombstone‹) und Jimmy Stewart in ›The Man
Who Shot Liberty Valance‹ (›Der Mann, der Liberty Valance
erschoß‹) und ›How The West Was Won‹ (›Das war der wilde
Westen‹).

»Ich glaube, ich habe mich immer mit Menschen identifiziert, die mir zeigten, wie ich spielen wollte, welche Art
Mann ich sein wollte, mit allen Grenzen, die gesetzt sind. Die
Filmidole, die mich begeisterten, haben mir gezeigt, was es
bedeutet, eine harte, unbequeme Entscheidung zu treffen.
Das waren damals nur Erfahrungen, die ich mir von der Leinwand holte, aber ich dachte: ›Ich möchte kein Leisetreter
sein, ich möchte nicht den bequemen Weg gehen.‹ Und
wenn es hart auf hart geht, dann wird das, was ehrenhaft ist,
auch ehrenhaft bleiben«, erklärte er.

Die Möglichkeit, jungen Menschen im Zuschauerraum
Charaktere vorzuspielen, mit denen er sich früher selbst
identifizierte, bedeutet ihm sehr viel. Aus diesem Grund ist
ihm die Wahl seiner Charaktere sehr wichtig. Die Filmwelt ist
voll von Martin Scorseses, David Lynchs und Woody Allens
Neurotikern und Psychopathen, und daher ist es erfri-
schend, einen Hauptdarsteller zu sehen, der bemüht ist, auf
der Leinwand ›starke‹ menschliche Vorbilder darzustellen,
an die wir uns in den schwierigen Situationen unseres All-
tags halten können.

Vielleicht erklärt dieses Element in seinen Leinwandcharakteren, warum man Costner mit den großen Stars der Filmgeschichte vergleicht. Wie die meisten erfolgreichen und
zugkräftigen Leinwandidole der Vergangenheit (John
Wayne, Gary Grant und sogar die edlen weiblichen Stars,
wie Katherine Hepburn, Greer Garson, usw.) demonstriert
Costner auf der Leinwand ein vorbildliches, bewunderns-
wertes Verhalten. Die Begrenzungen seiner Charaktere
mögen das Ausmaß unserer Bewunderung für sie abstecken,
aber es sind alles Charaktere, die bemüht sind, ›das Richtige

zu tun‹. Wie viele Zuschauer möchten es schon einem ›Psychopathen‹ oder ›Neurotiker‹ gleichtun?

Dieses idealisierte Verhalten seiner Charaktere mag zum Teil Costners phänomenalen Kassenerfolg erklären. Seine Figuren und Plots ziehen so viele zahlende Besucher an, weil es nicht gerade üblich ist, daß sich Menschen ›heroisch‹ oder ›vorbildlich‹ benehmen. Ein Beispiel: Robert DeNiros Darstellung von Jake LaMotta in ›Raging Bull‹ (›Wie ein wilder Stier‹) brachte dem Film den Oscar für den besten Film ein. Obwohl sich die Kritiker vor Begeisterung überschlugen, spielte der Film weniger als die Hälfte der Netto-Einnahmen von ›Annies Männer‹ ein – und das, obwohl Costners Darstellung in den Kritiken nur ein mäßiges Echo fand. Man kann also mühelos daraus folgern, daß ›Annies Männer‹ seine große Beliebtheit dem Charakter des Crash Davis verdankt, der vom Publikum bewundert wird. Im Gegensatz zu dem gewalttätigen und rohen Charakter des karrierebesessenen Schwergewichts, den Robert DeNiro in ›Raging Bull‹ verkörpert, ist Crash Davis empfindsam, rücksichtsvoll und menschlicher.

Diese Philosophie entspricht Costners Mentalität, und er ist überzeugt, daß man eine Liste von ›Zehn Geboten‹ beachten sollte, will man als Filmheld ein Vorbild sein. Da Costner stets bemüht ist, den von ihm gespielten Rollen die Eigenschaften seiner Leinwandhelden aus der Kindheit zu verleihen, hat er sich folgende Regeln zu eigen gemacht:

1. Ein Mann steht für sich selbst ein.
2. Ein Mann steht seinen Freunden bei.
3. Ein Mann beschützt seine Familie.
4. Ein Mann freut sich, gute Arbeit zu leisten.
5. Ein Mann ist auch in der Natur zu Hause.
6. Ein Mann teilt und handelt fair.
7. Ein Mann sagt seine Meinung.
8. Ein Mann verschwendet seine Gunst nicht.
9. Ein Mann folgt seinen Träumen.
10. Ein Mann bekommt das, was er ist.

Costner erklärt, daß er die Uhr zurückstellen müßte, um wirklich die Filmrollen zu spielen, mit denen er sich am meisten identifizieren kann. »Ich hätte gerne fünf oder sechs Jahre in den Hollywood-Studios verbracht, um all diese Cowboyfilme zu machen. Ich bin für die Art von Filmen, die ich gerne machen würde, dreißig Jahre zu spät auf die Welt gekommen.«

Seine Co-Stars in ›Feld der Träume‹ lobten Costner in den höchsten Tönen und waren ihm freundschaftlich zugetan. James Earl Jones ist voller Bewunderung für Kevin Costners Art, Rollen und Projekte anzugehen. »Kevin sagt, er sucht sich Rollen in Filmen aus, wo er am liebsten jeden Part spielen würde. Er meinte, er hätte am liebsten meine Rolle in ›Feld der Träume‹ gespielt und die von Amy Madigan etc. Das finde ich sehr gut, bedeutet es doch, daß er eine gesunde Einstellung zu der Arbeit anderer Schauspieler hat und seine eigene Rolle nicht in den Mittelpunkt stellt«, sagte Jones.

Der Hollywood-Veteran Jones bekannte auch, daß Costner ihm das Déjà-vu eines berühmten Leinwandhelden vermittelt: Gary Cooper.

»Als ich Kevin am Drehort im Monitor sah, fiel es mir sofort auf: das *war* Gary Cooper. Eins ist sicher, Gary Cooper sah immer so aus, als ob er gleich spucken würde. Er und Kevin verziehen den Mund auf die gleiche Art«, fügte er hinzu.

Phil Alden Robinson sagt: »Für einen Burschen, der so lustig ist, nimmt er seine Arbeit sehr ernst. Er ist nicht der Schauspieler, der am Drehort erscheint und nur seinen Job macht.« Der Star selbst meint manchmal, daß er seinen Beruf etwas zu ernst nehmen würde. In solchen Momenten spielt er mit der Idee, sein Leben rigoros umzukrempeln: »Ich könnte leicht an einem Fluß in Alaska leben und Gold suchen, Fallen stellen und jagen. Ganz leicht.« Aus seinem Freundeskreis hört man, daß Costner manchmal davon spricht, sein Leben von Grund auf zu ändern. (Er stellt sich dann vor, alles hinzuschmeißen, um auf einer Farm zu leben.)

Costner schreibt den Erfolg von ›Feld der Träume‹ Robinson allein zu, fügt aber gern hinzu, daß seine improvisierten Änderungen gut angekommen seien. Er erinnert sich an einige seiner Beiträge: »Als Ray dem alten Shoeless Joe den Ball zuwirft, ist er so aufgeregt, daß er zu seinem Haus hinüberblickt, um zu sehen, ob seine Frau sie beobachtet. Als Ray auf seinen Vater zugeht, um seine Hand zu berühren, und merkt, daß sein Vater das gleiche tut, läßt er seine Hand sofort sinken. Und sein Lauf zum Wurfmal ist athletisch nicht gerade korrekt, sondern eher komisch. Das hat etwas Englisches. Diese Ideen stammen von mir und keinem anderen.«

Costner bedauert nur sehr, daß die Laufzeit des Films nicht länger war. Seine Erklärung dafür ist folgende: »Ich glaube, sie nahmen an, die Zuschauer würden unruhig werden und sagen: ›Hey, Kev schlägt keinen zusammen, und vögeln tut er auch nicht, also, was soll das hier sein, eine Kindervorstellung?‹« Das Drehbuch mag die Verantwortlichen vielleicht nicht beeindruckt haben, aber die Story war gut genug, um Phil Alden Robinson eine Oscar-Nominierung für die beste Drehbuchadaptierung einzubringen.

Costner gesteht, daß es schwierig war, die Story wegen ihrer irrealen Elemente (Geister) und sentimentalen Szenen (Rays Vater erscheint mit den anderen Geistern) an den Mann zu bringen. Der kanadische Autor W. P. Kinselle, dessen 1982 erschienener Roman ›Shoeless Joe‹ dem Film ›Feld der Träume‹ zugrunde liegt, wußte es zu schätzen, daß Costner von seiner Story angetan war. Er sagte in ›MacLean's‹: »Costner hat eine ungeheure persönliche Ausstrahlung. Er hält einen mit seinen Augen fest. Ob er vor der Kamera steht oder nicht, er kann jede Szene kontrollieren, in der er ist, ohne sich dessen bewußt zu sein. Das ist nicht etwas, was er sich erarbeitet hat – es scheint, daß er damit geboren wurde.«

Costners Faible für die Rolle kommt zum Teil daher, daß

sie ihn an die Beziehung zu seinem eigenen Vater erinnerte. Außerdem empfand er es als Bereicherung, daß Burt Lancaster in einer Nebenrolle auftrat. Costner bekennt, daß er allergrößte Hochachtung vor diesem Mann und seiner Karriere hat, räumt aber ein, daß es ihm lieber wäre, seine Kinder würden sich an ihn als ›Spencer Tracy‹-Typ erinnern, so wie er seinen eigenen Vater sähe.

Das Thema, Vorbild auf der Leinwand und auch im Leben, kommentiert er so: »Man muß versuchen, sein Leben in eine gewisse Bahn zu lenken. Wenn man dies nicht kann und einem die Stimme im Maisfeld nicht zu Hilfe kommt, dann sucht man nach Vorbildern und Mustern. Filmhelden sind große Vorbilder. Für mich ist jeder ein Held, der das Richtige in einer Situation getan hat, wo ich mir meiner Reaktion nicht sicher gewesen wäre.«

Die Thematik des Films über ungelöste Vater-Sohn-Probleme veranlaßte Costner, darüber nachzudenken, daß sein Vater ihn nicht unterstützte, als er sich als junger Schauspieler durchboxen mußte, und er sich dem Rat seines Vaters, aus Vernunftgründen einen konventionellen Job anzunehmen, widersetzte. Costner fühlte sich beschämt, weil ihm sein Vater finanziell von Zeit zu Zeit unter die Arme greifen mußte.

»›Feld der Träume‹ handelt von Dingen, die im Leben zu kurz gekommen sind. Es gab eine Zeit in meinem Leben, wo mein Vater nicht glaubte, daß ich ein verantwortungsbewußter Mensch wäre. Aber ich bildete mir ein, ich wäre es. Ich hatte das Elternhaus verlassen, war immer noch auf die Unterstützung meines Vaters angewiesen. Man sitzt in der Patsche, wenn man Hilfe braucht. Und mir kam es dann immer so vor, als ob er sagen würe: ›Das habe ich dir doch gleich gesagt‹«, erinnert sich Costner.

Die Tatsache, daß seine Eltern nicht an seine Karriere glaubten, bewirkte mit Sicherheit, daß Costner noch entschlossener war, beruflich nach oben zu kommen. Jetzt, wo er die Erfolgsleiter erklommen hat, schließt sich der Kreis wieder zu einer harmonischen Vater-Sohn-Beziehung, und er lädt seine Eltern oft ein, ihn am Drehort zu besuchen.

›FELD DER TRÄUME‹
im Spiegel der Filmkritik

Aus: ›The New Yorker‹ (Pauline Kael)
›,Feld der Träume' ist ein Märchen – ein nettes, schönes Märchen... Amy Madigan liest einen flotten, amüsanten Text, und in den ersten Szenen beflügeln sie und Costner sich gegenseitig... auch wenn er dann im restlichen Film nur noch den ernsten, hellseherischen Spinner spielt: Er ist mit vollster Überzeugung dabei. Er ist James Stewart (den man im Farmhaus-Fernseher in Harvey sieht) und Gary Cooper in ihren Frank-Capra-Rollen. Das Ganze ein Beispiel der amerikanischen Heldendarstellung, wo nur das Gute die Seele des Helden beherrscht, auf dessen Zähnen das Mondlicht blitzt.‹

Aus: ›Time‹ (Richard Corliss)
›Der Held in Phil Alden Robinsons ,Feld der Träume' ist der Farmer (Kevin Costner), der davon träumt, Shoeless Joe Jackson für ein Baseball-Spiel von den Toten zu erwecken... Trotz der wunderbaren Szenen mit Burt Lancaster in einer Nebenrolle, ist ,Feld der Träume' ein Rührstück für Männer.‹

Aus: ›The New Republic‹ (Stanley Kauffmann)
›Phil Alden Robinson, der Regisseur, schrieb das Drehbruch nach einem Roman von W. P. Kinsella. Die ersten paar Minuten, die von Kevin Costner, dem Hauptdarsteller, aus dem Off kommentiert werden, bringen dem Film Sympathien ein, aber das ändert sich schnell, da die Filmhandlung furchtbar durchhängt.‹

Sechstes Kapitel

›Der mit dem Wolf tanzt‹

›Der mit dem Wolf tanzt‹ (›Dances With Wolfes‹) bringt einen Wendepunkt in Kevin Costners Leben und Karriere. Wie er selbst bekannte: »Die Regie von ›Der mit dem Wolf tanzt‹ war das Schwierigste, was ich in meinem Leben gemacht habe. Ich habe dabei wahrscheinlich mehr über mich selbst erfahren, als bei irgendwelchen anderen Dingen. Ich kann Ihnen nicht sagen, um was es hier geht – das wäre zu persönlich. Ich war mir jedenfalls nicht sicher, ob ich mit der Situation fertig werden würde, aber das Fazit ist, daß ich es geschafft habe.«

›Der mit dem Wolf tanzt‹ war für die Costners im weitesten Sinn so etwas wie ein Familienunternehmen. Kevins Eltern, seine Frau Cindy und die drei Kinder wirkten in dem Film in kleineren Rollen mit. Man warf Costner Vetternwirtschaft vor, weil er seine Familie in dem Film unterbrachte. Seine Antwort: »Ich weiß, die Leute sind verwundert, weil ich meiner Familie diese Rollen gab. Nun, ich habe es getan, und ich mag nicht groß erklären, warum und weshalb. Ich will für meine Kinder kein Fremder sein, und so lasse ich sie an meiner Welt teilhaben.« Sie müssen schon scharf aufpassen, wenn Sie Familie Costner in dem Film erspähen wollen – bei einem Massaker werden sie alle umgebracht. Um zu zeigen, wie eng die Costners miteinander verbunden sind, sollte man erwähnen, daß sich seine Eltern mit ihrem Wohnwagen am Drehort in Dakota niederließen und sogar ein Telefon installierten.

Costner ist sehr familienorientiert und suchte bei den äußerst anstrengenden und schwierigen Dreharbeiten von

›Der mit dem Wolf tanzt‹ bei ›seinem Stamm‹ Rückhalt und Entspannung. Nach Konfliktsituationen zwischen Arbeit und Familie befragt, antwortete er in seiner typisch aufrichtigen Art: »Es ist merkwürdig. Manchmal ertappe ich mich dabei, wie ich mir sage: ›Ich könnte es besser, wenn ich allein wäre‹, und dann, wie ich mir sage: ›Dir würden zwei Monate mit deinem Sohn entgehen – zwei Monate mit deiner Familie.‹ Also ist das der Preis, den man zahlt, daß man hier nicht allein ist. Und andererseits ist das Zusammensein mit der Familie ein Geschenk, das *keinen* Preis hat.«

›Der mit dem Wolf tanzt‹ ist ein gutes Beispiel dafür, daß Träume in Erfüllung gehen. Kevin Costner stand die ganze Zeit hinter dem Projekt, vom ersten Konzept bis zur Uraufführung zweieinhalb Jahre später. ›Der mit dem Wolf tanzt‹ wurde eines Abends geboren, als Kevin mit Jim Wilson und Michael Blake, dem Drehbuchautor des Films, bei sich zu Hause saß. Wilson kannte Blake von der Filmschule in Berkeley. Beide hatten bei ›Stacy's Knights‹ (›Gewagtes Spiel‹) zusammengearbeitet, ein Low-Budget-Film mit Schauplatz Reno, wo Costner als Hauptdarsteller den Will Bonner spielte. Dieser Film war so etwas wie ein Meilenstein für die drei Beteiligten: Wilson wurde das erste Mal als Regisseur und Blake das erste Mal als Drehbuchautor bezahlt, Costner bekam seine erste Hauptrolle.

›Stacy's Knights‹ war ein Flop und es sollten noch acht Jahre vergehen, bis die drei Männer beruflich wieder zusammentrafen. Es war 1986 im Februar, als Michael Blake seiner Enttäuschung Luft machte und sich bei seinem Freund Kevin beklagte, daß er mit seinen Drehbüchern keinen Erfolg hätte. »Schreib einen Roman. Wenn du ein Drehbuch schreibst, dann landet es nur dort«, antwortete Costner und wies auf einen Stapel von mindestens zwanzig Drehbüchern in einer Ecke des Zimmers. Der Schriftsteller hatte nur wenig zu verlieren und machte sich sofort an die Arbeit, während die Freunde Jim Wilson und Kevin Costner für seinen Unterhalt sorgten. Blake schrieb in diesem Jahr die Geschichte des

Lt. John J. Dunbar und seiner Erlebnisse bei den Sioux im Jahr 1863.

Costner und Wilson waren überzeugt, daß in der Geschichte des Lieutenant Dunbar ausreichend Filmstoff steckte, und ließen Blake freie Hand. Nachdem Michael Blake den Roman beendet hatte, nahm er wieder seinen alten Job als Tellerwäscher in einem China-Restaurant in Bisbee, Arizona, an. »Aber kurz darauf«, erzählt Blake, »rief mich Kevin an und sagte, ich solle mit dem Drehbuch beginnen. Er war also von Anfang an Schritt für Schritt dabei.«

Die drei Freunde und Partner arbeiteten die nächsten zweieinhalb Jahre an dem Entwurf des endgültigen Scripts, das Costner dann sechs Versionen später endlich zufriedenstellte. Nelson Entertainment und Island Pictures waren die ersten Filmgesellschaften, denen die Partner der Tig Production, Wilson und Costner, das Drehbuch anboten. Das Drehbuch blieb aber ein Jahr bei Nelson Entertainment und sechs Monate bei Island Pictures liegen.

Nachdem die Anläufe zur Finanzierung des Projekts frustrierend waren, beschlossen Costner und Wilson, das Geld für die Produktion des Filmes selbst aufzubringen. Sie verkauften zunächst die Auslandsrechte an dem Film und brachten somit beinahe 40 % des erforderlichen Kapitals auf. Die Produktionsvorbereitungen konnten mit diesem Betrag beginnen. ›Der mit dem Wolf tanzt‹ lag Costner so am Herzen, daß er bei den weiteren Vorbereitungen des Projekts mit hohem Einsatz pokerte. Zwei Wochen vor Drehbeginn unterzeichneten er und Wilson einen Vertrag mit Orion, der ihnen die restliche Finanzierung für die Fertigstellung des Films sicherte. Bei diesem Vertrag beharrte Costner auf dem umstrittenen Recht des ›final cut‹, das ihm als Regie-Neuling das seltene Privileg gewährte, den Film bis zum Endschnitt zu überwachen.

Der fertiggestellte Film ist in jeder Hinsicht vom Inhalt und der Aussage her die Vision Kevin Costners, die er auf die Leinwand bannen wollte. Eine vierstündige Version des

Films ist noch in Vorbereitung und soll demnächst freigegeben werden. Die Szenen zwischen Lt. Dunbar und ›Stands With A Fist‹ sind in dieser Fassung epischer ausgearbeitet, und man erfährt auch, was mit dem verlassenen Außenposten der Garnison geschah, bevor ihn Lt. Dunbar übernimmt. Das gleiche Maß an Sorgfalt und Perfektion wie bei der jetzigen Fassung des Films wird auch bei der längeren Version beibehalten werden.

Jim Wilson: »Die Arbeiten werden noch Monate dauern, und es wäre verfrüht, über die erweiterte Version zu spekulieren. Vielleicht geht sie auch direkt ans Fernsehen, als zwei- oder dreiteilige Kurzserie, oder sie kommt in die Kinos.« Von der längeren Fassung ist die Herausgabe von Videos geplant, eventuell mit einer zusätzlichen, halbstündigen Dokumentation über die Dreharbeiten im Beipack; außerdem soll sie in begrenztem Umfang in den Kinos verschiedener Städte aufgeführt werden.

Wenn man ihn auf den Film anspricht, so ist auch Costner der Auffassung, daß die traditionellen Regeln Hollywoods nicht beachtet wurden. »Für einen Erstfilm eigentlich unmöglich... es gibt eine Menge Kinder, Tiere und Laiendarsteller, die noch dazu in einer fremden Sprache sprechen müssen. Und dann ausgerechnet eine Story aus der Geschichte Amerikas. Aber ich biete den Film an, so wie er ist, und lasse die Zuschauer entscheiden.« Für die Lakota-Sioux-Dialoge wurden im Film Untertitel verwendet.

Mit der Thematik des Films straft Costner die weitverbreitete Meinung Hollywoods Lügen, der Western sei tot. Die Besprechung des Films in ›Variety‹ nahm den Film freundlich auf und unterstrich folgendes: »Eines ist sonnenklar: Die Filmemacher scherten sich um keine Regeln. Ihr Mut, dieses Wagnis einzugehen (weil sie wußten, welchen Stoff sie da in der Hand hatten), ist genauso inspirierend wie der Film selbst.«

Costner, der als Perfektionist bekannt ist, versuchte, möglichen Pannen vorzubauen, und plante die endgültige Fassung des Films minutiös bis in alle Einzelheiten. ›Der mit dem Wolf tanzt‹ wurde zum Großteil im Hinterland von South Dakota gedreht. Die Dreharbeiten dauerten einen Monat länger, als im ursprünglichen Drehplan vorgesehen, was aber der Qualität des Films zugute kam. Für manche Einstellungen brauchte man über 150 Bürgerkriegssoldaten und mehr als 175 Sioux-Indianer. Die gesamte Besetzung umfaßte an die 500 Darsteller, davon 48 Sprechrollen. Zum Stab gehörten mehr als 130 Personen, und dann kamen noch 3500 Büffel, 42 Kutschen und Wagen und mehr als 300 Pferde dazu.

Im Sommer kletterte die Temperatur bis auf 45 Grad, und zu Herbstbeginn konnte es vorkommen, daß die Quecksilbersäule auf minus zehn Grad sank. Um möglichst viele Indianer als Statisten und Darsteller für den Film zu finden, inserierte man in der ›Lakota Times‹ und arrangierte Vorsprechtermine in ganz Amerika und Kanada. Zusätzlich mußte man in South Dakota noch ein Siouxdorf mit 45 Wigwams bauen.

Es tauchten noch genügend andere Probleme auf, um die gewünschte Atmosphäre, Färbung und Stimmung zu schaffen, die sich Costner für die alle vier Jahreszeiten umfassende Handlung vorgestellt hatte. Die Szenen, die sich laut Drehbuch im Herbst abspielten, konnten logistisch unmöglich in dieser Jahreszeit gedreht werden.

Die Folge davon war, daß diese Jahreszeit buchstäblich aufgemalt wurde. Fast vierzigtausend Liter Farbe tauchten das Laub der Bäume in herbstliche Tönungen. Ähnlich wie David O. Selznick, dem bei den Dreharbeiten von ›Vom Winde verweht‹ die rote Erde von Tara nicht rot genug war, fand Kevin Costner das Braun des South Dakota-Grases zu braun. Er beauftragte Jeffrey Beecroft – für die Ausstattung des Films verantwortlich –, das Gras grün zu färben.

Als größeres Problem für die indianischen Darsteller erwiesen sich die verschiedenen Dialekte. Der Omaha-Häuptling Rodney Grant spielte in dem Film den ›Wind In

His Hair‹, den er mit großem Einfühlungsvermögen, viel Geist und Würde verkörperte. In den Proben jedoch brachte er er so manchen wegen seiner falschen Aussprache an den Rand der Verzweiflung. In weiser Voraussicht hatte Costner die indianischen Darsteller einen Monat lang in dem alten Dialekt der Lakota-Sioux unterrichten lassen, den sie nicht mehr beherrschten. Aber Grant, alias ›Wind In His Hair‹, war ein so hoffnungsloser Fall, daß Costner ihn wieder in den Sprachkurs zurückschicken wollte. »Ich drehe erst mit dir weiter, wenn du deinen Text richtig sprechen kannst«, schnauzte Costner ihn an.

Jetzt schritt Elisabeth Leustig, die Besetzungschefin ein, die Costner zu der Wahl von Grant geraten hatte, und nahm den Indianer unter ihre Fittiche. Schließlich war Rodney Grant ihre Unterrichtsmethoden leid, sagte »genug« und ging. (»Mein Hintern kannte den Text auswendig«, sagte sie später.) Leustig ist sonst sehr umgänglich, diesmal packte sie die Wut. »Zum Teufel noch mal, ich muß das nicht machen!« herrschte sie Grant an, der selbst sehr gut wußte, daß man ihn zu einer Statistenrolle abkommandieren konnte.

Grant stolzierte gekränkt davon, verzog sich eine Weile schmollend, machte dann kehrt und entschuldigte sich bei seiner Lehrerin. »Entschuldige. Du wirst sehr stolz auf mich sein«, versprach er ihr. Wenige Stunden später gratulierte Costner ihm zu seiner gelungenen Darstellung in der Szene, wo er Lt. Dunbar zum ersten Mal herausfordert. »Das war wunderbar, Rodney. Einfach fantastisch.«

Costner selbst nahm bei Doris Leader Charge, Lehrerin für die Sprache der Lakota-Sioux, Unterricht. In dem Film spielte sie die Frau des Häuptlings.

Während der Dreharbeiten legte Costner einen seiner schlimmsten Stürze hin, da es nun einmal seine Passion war, die meisten Stunts selbst zu machen. In ›Die Unbestechlichen‹ und ›Es gibt kein Zurück – No Way Out‹ bestand er ebenfalls hartnäckig darauf, sich auch bei gefährlichen Stunts nicht doubeln zu lassen – zum Schrecken der Versicherungsgesellschaften. Wie Costner mußten viele Indianer lernen, ohne Sattel zu reiten.

Die Büffel wurden von privaten Herdenbesitzern aus der Umgebung gestellt (ein Hauptgrund, warum die Produzenten sich für dieses Gebiet entschlossen). Produzent Wilson und Stunt-Koordinator Jim Howell versuchten, ihrem Star die Stunts auszureden, aber da war nichts zu machen. Sogar Cindy Costner bemühte sich, ihn von den gefährlichen Stunts abzuhalten, aber es war zwecklos. »Ich war furchtbar nervös. Es machte mich körperlich krank. Ich konnte ihm doch nichts sagen, wenn er Regie führte. Abends konnte ich ihn ein bißchen erweichen, aber am nächsten Tag zog er wieder los und machte genau das, was er wollte«, erinnert sie sich.

Eine besondere Kraft beflügelte Costner, als er die Büffeljagd filmte. »Die Büffel schnaubten und stampften wild davon – es ist unglaublich, wie die erschreckten Tiere in der Herde reagieren. So etwas habe ich noch nie erlebt, und die zwanzig indianischen Reiter, die ich gebeten hatte, mit mir durch die Herde zu reiten, auch nicht. Am ersten Tag hatten wir alle noch ziemlich viel Angst, aber danach spürte jeder dieser Reiter, daß sie etwas erleben konnten, was sie tief in ihrem Inneren berührte. Einer von ihnen sagte zu mir: ›Weißt du, ich habe gespürt, wie ein Horn mein Bein gestreift hat‹, und ich konnte es ihm nachfühlen, weil ich auch mitten drin war. Diese Szenen mögen für viele ein schönes Erlebnis auf der Leinwand sein, uns aber haben sie ein Gefühl der inneren Verbundenheit gegeben, weil wir da draußen waren und es gespielt haben. In gestrecktem Galopp haben wir etwas nachvollzogen, was seit hundert Jahren nicht mehr geschehen ist«, erklärte Costner.

Co-Star Mary McDonnell war davon ebenfalls zutiefst beeindruckt. »Die Seele der Sioux tauchte in einer sehr subtilen und natürlichen Art an die Oberfläche. Als es geschah, erfaßte einen so etwas wie genetisches Verstehen, und man begriff, was dieser Augenblick für den Stamm bedeutete. Es war ein Augenblick, der an etwas Höheres appellierte, der einen aber auch gleichzeitig erkennen ließ, was der Verlust der Herde bedeuten würde. Für mich war es erhebend und traurig zugleich.«

Michael Blake berichtet von einem Vorfall während der Dreharbeiten, der alle in Aufregung und Schrecken versetzte. In dieser Szene reitet Costner als Lieutenant Dunbar mit seinen indianischen Freunden durch die Büffelherde. »Kevin hat einen der schlimmsten Stürze hingelegt, den ich je in meinem Leben gesehen habe. Ich werde es auf Band aufnehmen, weil das einer der gefährlichsten Stürze vom Pferd war, den man sich vorstellen kann. Und so ist es passiert: Kevin ritt auf seinem Pferd geradeaus, als ein indianischer Reiter von der Seite kommt und die Kontrolle über sein Pferd verliert, wie bei einem Autozusammenstoß. Und das alles im Galopp. Kevin wirbelt in die Luft hinauf, dreht sich irgendwie und landet mit dem Gesicht nach unten auf der Erde. Er federt einen halben Meter hoch und bleibt dann wie ein Mehlsack liegen«, erinnert er sich schaudernd.

Bemerkenswert ist hier vielleicht, daß der Unfall dem Schauspieler nicht viel auszumachen schien. Etwas benommen richtete er sich wieder auf und sagte zu Norman Howell: »Ich will weiterreiten.« Sein Sturz verlief glimpflicher, als es zunächst aussah, und die Versicherungsagenten konnten aufatmen.

Wesentlich schwieriger wurde es für den Regie-Neuling gegen Ende der Dreharbeiten, mit seinen Kräften hauszuhalten. So gab er einmal in einem unbedachten Moment zu: »Ich verstehe nicht, warum ich mich auf das Ganze eingelassen habe. Wenn ich mit mir allein bin, frage ich mich, ob ich mir nicht zuviel vorgenommen habe und ob ich es schaffen werde. Manchmal wird mir richtig übel dabei, aber ich habe es mir selbst eingebrockt.«

Costner verlor bei den Dreharbeiten fünfzehn Pfund und bekam im Gesicht ein paar Falten und Krähenfüße mehr. Ein übriges taten die Auseinandersetzungen mit Orion. Es war zu erheblichen Differenzen wegen der Länge des Films gekommen. »Orion Pictures war insgeheim besorgt. Es war fast so, als ob ich schon ahnte, was sie sagen würden, bevor sie es aussprachen: ›Der Scheißer führt zum ersten Mal Regie und weiß nicht, wie er seinen Film schneiden soll.‹ Hätte ich völlige Freiheit gehabt und mich nicht mit jedem Dreck auseinandersetzen müssen, den die anderen sich ausdachten, dann wären es nur drei Stunden und fünfzehn Minuten«, sagte er.

Mary McDonnell wurde, wie Costner betont, für ihre Rolle ausgesucht, weil sie eine ›richtige Frau‹ war. Er hatte tausende von Schauspielerinnen gesehen, aber Mary entsprach seinen Vorstellungen von einer Frau, deren Schönheit mit Lebenserfahrung gekoppelt ist und in deren Gesichtszügen man Wärme und Verständnis findet.

Während der Dreharbeiten, die Mary McDonnell in angenehmster Erinnerung hat, entdeckte sie, daß es um Kevin Costners ›Schwierigkeit‹ nicht so stand, wie allgemein behauptet wurde. »Er ist ein sehr komplizierter Mensch, aber auf wunderbare Art. Ich habe ihn nicht als schwierig empfunden. So wie seine Persönlichkeit eine leichte, umgängliche Seite hat, kann er auch sehr zielorientiert, fast besessen sein. Unter der Wärme seine Persönlichkeit verbirgt sich ein ungeheueres Arbeitstier«, erinnerte sie sich.

Co-Produzent Jim Wilson über die Regie: »Wir versuchten, den besten Film zu machen, den wir machen konnten. Nennen Sie es Ehrgeiz, wenn Sie wollen. Auf Teufel komm raus, wir wollten, daß er gut gemacht wird, deswegen hielt ich ihm nie die Uhr vors Gesicht und sagte: ›Kevin, die Zeit läuft davon.‹ Und er wußte verdammt gut, daß es so war. Ich kann nicht sagen, daß er nicht vorbereitet war, aber man kann auch nicht sagen, daß er als Regisseur methodisch vorging. Wir hielten uns an das Script, mehr oder weniger, aber ihm kamen viele Ideen, zu diesem oder jenem, und so ist der Film gemacht worden.«

Aus Angst, Costner zu nahe zu treten, willigte Orion Pictures schließlich ein, ihm die umstrittene Carte blanche zu geben, bestand aber darauf, den Vertrieb des Films zu übernehmen. Wie bei den meisten unabhängigen Produktionen wachte auch hier eine Firma darüber, daß bei den Dreharbeiten der Finanzrahmen eingehalten wurde. Der Film war kaum in Produktion gegangen, als sich abzeichnete, daß Costners Film erheblich über dem geplanten Budget liegen würde. Eines frühen Morgens fand ein Meeting mit Jim Wilson, Kevin Costner und dem Vertreter dieser Firma statt, der mit dem sofortigen Abbruch der Dreharbeiten drohte. Derart bedrängt willigte Costner ein, einen Teil seiner Gage, die sich auf fünf Millionen Dollar belief, als Sicherheit für die eskalierenden Kosten zu hinterlegen.

Am Ende lagen die Kosten für den Film nur fünf Prozent über dem veranschlagten Budget von achtzehn Millionen Dollar, wobei Costner 2,9 Millionen Dollar von seiner Gage zugeschustert hatte, um die Kosten für den verlängerten Drehplan zu decken. Als die Streitigkeiten über die Finanzierung von ›Der mit dem Wolf tanzt‹ an die Öffentlichkeit drangen, tauften Spötter den Film sofort in ›Kevin's Gate‹ um, nach Michael Ciminos ›Heaven's Gate‹. Dieser Film war damals ein finanzielles Desaster und wurde zum Symbol für alle Filme mit Riesen-Budget, die völlig aus dem Ruder liefen.

Costner reagiert ärgerlich auf diese Anspielung und verteidigt den Film als »reelles Geschäft«. Er betont, daß kein Studio der Welt einen Film von dieser Substanz für 21 Millionen Dollar hätte drehen können.

Costner hatte als lachender Dritter recht behalten, als der Film allein in den USA und Kanada 164 Millionen Dollar einspielte. Trotzdem nimmt es Costner den Budget-Wächtern sehr übel, daß sie ihm das Messer auf die Brust gesetzt hatten.

»Ich sagte ihnen: ›Ich zahle euer Honorar, und dann laßt mich, zum Teufel noch mal, in Frieden.‹ Das hat ihnen einen verdammten Schock versetzt. Solche Menschen braucht man nur, wenn das Ganze außer Kontrolle gerät. Aber für Leute, die finanziell verantwortlich sind, sind sie ein Stachel im Arsch. Sie können direkt gefährlich werden, wenn ein Projekt diese Gratwanderung durchmacht. Sie fangen an, einem vorzuschreiben, was man tun und lassen soll. Aber ich habe am Ende schließlich all das gemacht, was ich wollte.«

Abgesehen von den Querelen wegen seines ›Babys‹, hat Costner auch mitfühlende Worte für die ängstliche, finanziell angeschlagene Orion Pictures. »Sie haben einige Schläge einstecken müssen, die für keinen angenehm sind, aber Orion hat vorher oft sehr gute Entscheidungen getroffen«, sagte er nach seiner Oscar-Verleihung.

Dieser wohlgemeinte Kommentar Costners wird Orion Pictures kaum gerecht. Richard Sean Lyon schreibt in seinem Buch ›Survival Guide To Film‹, Orions Punktsiege seien so niedrig, daß sich Crash Davis (Costners Figur in ›Annies Männer‹) in Grund und Boden schämen würde.

Im Jahr 1987 spielten nur drei von fünfzehn Filmen dieser Gesellschaft die Kosten ein. Dieser Durchschnittswert von 20 % sank 1988 auf 18 %; da waren es nur drei von siebzehn Filmen.

1989 waren es nur noch 7 %, als ›Der mit dem Wolf tanzt‹ in die Kinos kam. Es ist denkbar, daß die kränkelnde Orion ohne Costners Filme nicht mehr aus ihrem finanziellen Engpaß herausgekommen wäre.

Costner hat sich nicht zu den Kritiken geäußert, die ihm bei ›Der mit dem Wolf tanzt‹ ein naives Geschichtsverständnis vorwarfen. »Meine einzige Sorge besteht darin, daß der Film gut ist. Und ich glaube, das ist er. Danach entzieht er sich meiner Kontrolle. Meine Freunde fürchten, daß ich aufgefressen werde. Sie wissen, daß ich mein Herz gegeben habe, daß es offen daliegt, daß jeder damit machen kann, was er will. Aber was Hollywood denkt, ist mir völlig gleichgültig. Das können Sie dick unterstreichen«, sagte er.

Nachdem er am Abend des 25. März 1991 sieben von zwölf Oscars erhielt, hatte sich Costners Instinkt als richtig erwiesen. Costner nahm die Oscars für die beste Regie und den besten Film (zusammen mit Jim Wilson) von Barbara Streisand entgegen, die nur selbst zu gut wußte, daß ein Regie-Neuling selten zu dieser Ehrung kommt. Ihr erster, gelungener Regieversuch 1983 mit ›Yentl‹ wurde von der Academy in keiner Kategorie nominiert, obwohl Barbara Streisand den Golden Globe für die beste Regie erhalten hatte.

›Der mit dem Wolf tanzt‹ wurde als Oscar-verdächtig gehandelt. Er heimste in der Tat bereits einen Berg Vorschußlorbeeren ein. Costner erhielt den Preis der Director's Guild und den Golden Globe für Regie und Produktion.

Costner dankte seinen Freunden Jim Wilson und Michael Blake mit den Worten: »Jeder weiß, daß man Filme nicht allein macht.« Nach diesem rauschenden Erfolg bedachte er auch die Finanziers des Films, den ausführenden Produzenten Jake Eberts und Guy East von Majestic Films International, mit Freundlichkeiten: »Sie haben entdeckt, daß es mir trotz all meiner jungenhaften Begeisterung todernst war, diesen Film zu machen.«

Sogar einige Verantwortliche der Orion Pictures wurden lobend erwähnt, und außerdem Michael Ovitz, der Leiter der Creative Artists Agency, einer der mächtigsten Agenturen Hollywoods. Costner bedankte sich bei allen, daß sie ihm geholfen hatten, den Film fertigzustellen und seine Träume auf die Leinwand zu bannen. Die Kritiker äußerten sich enttäuscht über Costners ›Bewunderung heischende‹ Dankesrede und seinen Hinweis darauf, daß ›die Leute, mit denen er zur Schule ging, sich daran erinnern werden‹. In einem Artikel wurde er als ›arrogant wie Sally Fields‹ abgestempelt. Die ›Village Voice‹ blies in das gleiche Horn: ›Der Moment, wo Sie auf Ihren eigenen jungenhaften Charme verwiesen, war der Moment, wo 100 Millionen Frauen in schwere Depressionen fielen, weil ihre jahrelang gehegten Träume in Stücke zerbrachen! Oh, warum, Kevin, warum?‹

Die Kritik monierte eine gewisse Schwäche und Weichheit, die sowohl bei Costner als auch bei dem fiktiven Lieu-

›Bull Durham‹ Annies Männer *Bildarchiv Engelmeier*

›Field of Dreams‹ Feld der Träume *Universal*

tenant Dunbar zu bemerken sei. ›John J. Dunbar ist als Musterbeispiel für den neuen, amerikanischen Mann fast zu perfekt. Dieses unwirkliche Ideal eines Beau, von neueren feministischen Fantasien geschaffen, ist eine Verzichterklärung an den altmodischen Traum vom maskulinen Mann‹, schrieb der Filmkritiker Richard Schickel.

Schickel trifft damit genau ins Schwarze, wenn er schreibt, daß Costner feministischen Fantasievorstellungen entspräche. Wenn man ›Vom Winde verweht‹ heute besetzen würde, müßte Costner den Ashley spielen. Er ist zu sensibel, zu gefühlvoll und zu sehr der Gentleman, um einen Charakter wie Rhett zu verkörpern, der trickreich alle nur möglichen Register ziehen muß, um in einer vom Krieg zerrissenen Welt zu überleben.

Costner hat erklärt, daß ›Der mit dem Wolf tanzt‹ seine ›Liebeserklärung an die Vergangenheit‹ sei, ähnlich wie bei Ashley, der seine Liebe zu der ›endgültig verlorenen‹ Zeit nicht aufgeben konnte. Wie seine Figur Elliot Ness in ›Die Unbestechlichen‹ wäre Costner zu allem bereit, ohne aber das Gesetz zu überschreiten. Genauso legte Ashley stets ein Verhalten an den Tag, das ›anständig und ehrenhaft‹ war.

Man könnte also sagen, Costners Image sei nur ein Gebilde, das dem Wunschdenken der Frauen entspricht, aber mit der Realität nichts gemeinsam hat. Was ›richtig und anständig‹ ist, muß nicht immer das ›Beste‹ sein. Frauen mögen vielleicht sagen, daß sie diese Eigenschaften bei einem Helden erwarten, aber die Leinwandhelden, die sich über Jahre hinweg ein unauslöschliches, starkes Image beim Publikum bewahrt haben, waren diejenigen, die es mit dem Gesetz nicht so genau nahmen, wenn es die Gerechtigkeit und der Lebenskampf erforderten: Bogart, Gable und Wayne.

Cary Grant, Gary Cooper und Jimmy Stewart mußten erst, wie Costner, provoziert werden, bevor sie etwas taten, was ›nicht richtig‹ war. Frauen mögen diese Art von Sensibilität zwar im häuslichen Umfeld bevorzugen, wenn aber dieser

Mann für sie kämpfen muß, entscheiden sie sich für den Helden, der manchmal über das hinausgeht, was als ›richtig und anständig‹ gilt.

Dieser Zwiespalt in Costners Charakteren wurde von der bekannten Journalistin Barbara Lippert analysiert. ›Mit Sicherheit ist Lt. Dunbar ein New Age-Held – halb John Wayne, halb Shirley MacLaine. Das Geistige wird oft als das Feminine betrachtet. Vielleicht ist es auch diese seltsame Kombination von büffelstampfender Maskulinität und geistiger Sensibilität, die die Frauen so anziehend finden.‹

Trotzdem kann man sich nur schwer vorstellen, daß ›The Duke‹ als Crash Davis Annies geblümten Kimono trägt und ihr die Zehennägel lackiert. Jimmy Stewart? Gary Cooper? Vielleicht. Aber niemals Gable, Bogart oder Wayne.

Die Filme Costners sind Traumbilder von einem Leben in einer vollkommenen Welt. Die Filme von Gable, Bogart und Wayne hingegen zeigen, wie man sich in einer unvollkommenen Welt Gerechtigkeit und ein bißchen Seelenfrieden ertrotzen kann. Die Grant-, Cooper-, Stewart- und Costner-Filme wecken in uns die Sehnsucht nach einer heilen, intakten Welt. Wie oft haben uns die Schauspieler aus diesen beiden Gruppen höchst unterhaltsam in eine Fantasiewelt entführt!

Obwohl Costner Charaktere auf die Leinwand bringt, die Jimmy Stewarts Mr. Smith ähneln, glaubt er nicht unbedingt daran. »Wenn wir einen Film sehen, sagen wir: ›Gott segne diesen Mann, daß er diese Botschaft vermitteln kann.‹ Im wirklichen Leben wäre Mr. Smith niemals nach Washington gegangen. Man hätte ihn als Idioten hingestellt und ihn hinter Gitter gebracht. Man hätte herausbekommen, daß er seine Steuern nicht bezahlt und acht Affären gehabt hat. Er wäre erledigt gewesen. Und es wäre ein und derselbe Mann gewesen. Integrität ist aus der Mode gekommen. Vielleicht findet sie deswegen im Kino ein so großes Echo«, antwortete Costner auf die Frage, ob er an seine Filmhelden glaube.

Costners Mangel an historischer Perspektive zeigt seine

Bemerkung, daß Integrität aus der Mode gekommen sei. Die ›Weltgeschichte‹ von Will und Ariel Durant, die mehr als 3600 Jahre Geschichte umfaßt, mag ihm vielleicht bestätigt haben, daß Integrität in ›gewissen Kreisen‹ nie ›in Mode‹ war. Trotzem hat es unzählige Menschen nicht daran gehindert, tapfer und mutig gegen Mißstände anzukämpfen. Die Behauptung, dies wäre ein nutzloses Unterfangen, würde einsatz- und opferbereite Männer, die für eine bessere Welt kämpften, verleugnen, Männer wie John F. Kennedy, Ghandi und Martin Luther King.

Das soll nicht heißen, daß Kevin Costner mit seiner New Age-Philosophie nicht eine bessere und freundlichere Welt anstrebe, aber, wie Thomas Jefferson sagte: »Der Baum der Freiheit muß von Zeit zu Zeit mit dem Blut von Patrioten und Tyrannen gegossen werden. Das ist sein natürlicher Dünger.«

Für ihre Leistungen in ›Der mit dem Wolf tanzt‹ wurden auch Dean Semler und Neil Travis geehrt. Sie erhielten den Oscar für Kamera und Schnitt. Costner, dem es bei seinem Regie-Debüt an filmtechnischer Erfahrung mangelte, erklärt: »Ich bin der ›Mehr-ist-besser-Typ‹ von Regisseur. Wenn etwas gut ist, dann kann ich nicht genug davon bekommen. Die beste Kameraführung der Welt kann eine schlechte Story nicht vertuschen. Wir sind Fabriken geworden, die die Idee aufgegeben haben, daß gute Stories auch gut für uns sind. Ich versuche, die Dinge so echt wie möglich zu zeigen, anstatt die Zuschauer mit der Kamera zu blenden. Jedenfalls fehlt mir das technische Können dafür... also würde es sofort herauskommen.«

Interessanterweise erschien Costners langjähriger Freund, der Regisseur Kevin Reynolds, persönlich am Drehort, um einen Teil der Aufnahmen zu überwachen. Gerüchte wurden laut, daß dies auf Veranlassung von Orion Pictures geschah, die ihrem Regie-Neuling nicht ganz trauten und ihm Schützenhilfe geben wollten.

Der Chefcutter und Oscar-Preisträger Neil Travis meint,

die alleinige Anerkennung gebühre Costner. Er sagt: »Reynolds tauchte am Drehort auf und arbeitete vierzehn Tage als Aufnahmeleiter mit. Aber nie gab er einem Schauspieler Anweisungen oder mischte sich in die Gestaltung einer Szene ein. Das machte Kevin allein, und Kevin war erstaunlich brillant, wenn Sie mich fragen.« Reynolds hat in der Tat ein paar Szenen und Inserts aufgenommen, aber Costner hatte die Abfolge des gesamten Films bereits vorher aufzeichnen lassen und, von einer sporadischen ›Schützenhilfe‹ abgesehen, hat er als alleiniger Regisseur gearbeitet.

Als ironische Anmerkung zu ›Der mit dem Wolf tanzt‹ sei hier erwähnt, daß Costner anschließend für die NBC in dem Little Big Horn-Drama ›Son Of The Morning Star‹ die Rolle des General Custer spielen wollte. Dazu der ausführende Produzent dieses Films, Preston Fisher, der Costner als Darsteller abgelehnt hatte: »NBC war der Meinung, daß Costner als Star für diese Rolle nicht bekannt genug sei.«

Wie in ›Der mit dem Wolf tanzt‹ sprachen die Indianer auch in ›Son Of The Morning Star‹ in ihrer Muttersprache. NBC hängte sich damit an den enormen Erfolg von Costners Film an, um im Kielwasser dessen unerwartet großer Popularität zu schwimmen.

Noch ein weiterer Hollywood-Boß mußte sich wegen seiner mangelnden finanziellen Weitsicht an den Kopf fassen, der Produzent von ›Hunt For Red October‹ (›Jagd auf Roten Oktober‹). Er sagt: »Ich glaube nicht, daß auch nur einer in Hollywood den Erfolg von ›Der mit dem Wolf tanzt‹ voraussehen konnte.«

Michael Blake wurde beim Schreiben des Drehbuchs weitgehend durch die Lektüre von ›Bury My Heart At Wounded Knee‹ (›Begrabt mein Herz am Wounded Knee‹) von Dee Brown inspiriert. Es hat sich jedoch herausgestellt, daß Browns Buch die Begebenheit am Wounded Knee sehr einseitig geschildert und deswegen als ›proindianisch‹ abgestempelt wurde. Abgesehen von dieser Tatsache ist es wohl keinem entgangen, daß ›Der mit dem Wolf tanzt‹ trotz seines gewaltigen kommerziellen Erfolges einer der anachronistischsten Filme ist, die je gemacht wurden.

Er ist auch der erste Western, der seit ›Cimarron‹ im Jahr 1931 den Oscar für den besten Film gewonnen hat. Die sieben Preise, die Costners Film zugesprochen wurden, sind ein Rekord bei der Oscar-Verleihung für Western.

Costner ist der fünfte, der für sein Regie-Debüt den Oscar bekam. Er gesellt sich damit zu Delbert Mann (›Marty‹, 1955), Jerome Robbins (›West Side Story‹, 1961; Co-Regisseur Robert Wise), Robert Redford (›Ordinary People‹ – ›Eine ganz normale Familie‹, 1980) und James L. Brooks (›Terms Of Endearment‹ – ›Zeit der Zärtlichkeit‹; 1983).

Anläßlich der Oscar-Verleihung sagte Costner: »Ich hätte nicht gedacht, daß ich ihn bekommen würde. Auf der High-School habe ich mich nicht besonders hervorgetan, und daher sind mir Preisverleihungen ziemlich fremd.« Auf die Frage, ob es ihn belasten würde, daß man seit seinem Erfolg mit ›Der mit dem Wolf tanzt‹ große Dinge von ihm erwarte, antwortete er: »Ich habe keine Panik, was meinen nächsten Stoff anbelangt. Wenn ›Wolf‹ *der* Film meiner Karriere werden sollte, wenn er die Menschen an mich erinnert, dann werde ich nicht vor seinem Schatten davonlaufen.«

Trotz seines Riesenerfolges meint Costner, daß der 25. März nicht der größte Tag seines Lebens sei. »Mein Leben bedeutet mehr als Filme, und meine Ideen bedeuten mehr als Filme. Aber es wird immer ein großer Moment für mich bleiben, den mir keiner nehmen kann.«

Vielen Hollywood-Insidern fällt es schwer, sich einen Menschen vorzustellen, der sein Privatleben höher einschätzt als seinen Beruf. Vor allem, nachdem er einen Film geschaffen hat, der ›Millionen glücklich macht‹ und der allein in den USA und Kanada über zweihundert Millionen Dollar an Eintrittsgeldern einbrachte. Ganz offensichtlich spielt Costner, wie viele andere auch, seine Leistungen als Schauspieler und Regisseur herab, um nicht zu sehr im Rampenlicht der Öffentlichkeit zu stehen. Er möchte seine Privatsphäre soweit wie möglich erhalten, damit seine Familie weiterhin ein wichtiger Aspekt in seinem Leben bleiben kann.

Beide Costners gestehen, daß dies bei einem Mann, der so plötzlich zum Superstar wurde, ziemlich schwierig ist. Die Augen der Öffentlichkeit sind auf den Brennpunkt Kevin gerichtet. Cindy wird dabei auf eine harte Probe gestellt und muß Stärke beweisen, um damit fertigzuwerden.

Während der Preisverleihungsfeier dankte Costner auch ›seinen Brüdern, den Ureinwohnern Amerikas‹, besonders den Lakota-Sioux, und fügte hinzu, daß die Indianer diese Ehrung – wie er und seine Familie – nie vergessen würden. Der kanadische Schauspieler vom Stamm der Oneida-Indianer, Graham Greene, erhielt eine Nominierung für die beste Nebenrolle.

Michael Blake nahm den Oscar für die beste Drehbuchadaptierung entgegen. Er bat Doris Leader Charge, eine indianische Mitwirkende in dem Film, zu sich auf die Bühne, um seine Rede in die Sprache der Lakota-Indianer zu übersetzen.

Blake erhielt für sein Drehbuch den Writer's Guild Award Of America und sagte anläßlich der Oscar-Verleihung: »Mein Traum war, möglichst vielen Menschen etwas Gutes zu tun. Das Wunder von ›Der mit dem Wolf tanzt‹ hat bewiesen, daß Träume dieser Art wahr werden können.«

Er beendete seine Rede mit Lobeshymnen auf die Ureinwohner Amerikas, deren Trommeln weiterschlagen und ewig zu hören sein werden. Sogar Costner stimmte zu, daß ›Der mit dem Wolf tanzt‹ ohne Michael Blake nicht entstanden wäre. »Es ist nicht mein Metier, Botschaften zu verkünden. Die Story spiegelt das wider, was Michael geschrieben hat. Sie ist nicht meine Erfindung. Ich habe mich mit der gefühlsmäßigen Aussage des Films identifiziert, nicht mit der politischen.«

Costner hat es Hollywood immer noch nicht ganz verziehen, daß er während der Dreharbeiten derart in die Enge getrieben wurde. In einer Rede, die er gegen Ende dieses Monats bei einer Preisverleihung der Independent Spirit

Association hielt, kam dies zum Ausdruck. Costner sparte nicht mit Kritik, als er sagte, daß die Filme heutzutage möglichst schnell in die Kinos gejagt würden, noch bevor sie richtig fertig seien, und sie landeten dann als ein ›unfertiges, halb durchdachtes Stück Scheiße‹ auf der Leinwand.

Costner bemerkte außerdem, daß die Studios aufgrund dieser Fehler mehr Raum für unabhängige Filmemacher schaffen würden, warnte jedoch davor, »ihre Projekte nicht auf der Schnellspur zu realisieren und sich zu sagen: ›Was zum Teufel soll das Ganze? Dieses Stück ist genausogut wie der Mist, der in den Kinos läuft.‹«

Diese offene Kritik veranlaßte einen Insider der Filmindustrie zu dem Kommentar: »Wer hat ihn zum Gott gemacht?« Costner antwortete darauf, daß er sein Ego nach dem Riesenerfolg von ›Der mit dem Wolf tanzt‹ in Schach hielte, »indem ich mich ganz einfach frage, was meine Eltern und meine Freunde von mir denken, denn das bedeutet mir immer noch sehr viel. Und das ist eine ausgezeichnete Methode, sich selbst Schranken zu setzen.«

Eine der indianischen Mitwirkenden bei ›Der mit dem Wolf tanzt‹, Tantoo Cardinal, sagte, daß sie die Dreharbeiten an die Weissagung eines Indianerhäuptlings erinnert hätten. »Als sein Volk durch die Canadian Prairies-Eisenbahngesellschaft bedroht war, sagt er: ›Die weißen Männer sind vor Habsucht blind und taub, aber es wird eine Generation kommen, deren Kinder unsere Freunde sein werden.‹«

Costner meint, daß mit ›Der mit dem Wolf tanzt‹ auch die dunkle Seite der amerikanischen Politik und des Genozids akzeptiert wurde.

»Das ist ein Kapitel, das wir nur zu gut kennen, dem aber niemand das Etikett ›Genozid‹ aufkleben möchte. Wir wollen nicht wahrhaben, wie viele Indianerkulturen durch uns vernichtet wurden. Aber das ist unser brasilianischer Regenwald, direkt vor der Haustür. Diesen Teil des Landes haben wir mit viel Blutvergießen in Besitz genommen, weil wir glaubten, wir müßten es haben. Aber wenn Sie jetzt über dieses Land fliegen, dann ist niemand hier, nicht wirklich. Da ist Denver und Kansas City, und dort Rapid City. Aber die Wirklichkeit ist – wir mußten es nicht haben«, sagte er.

Costners südkalifornische Wurzeln zeigen sich, wenn er sagt, niemand wäre da, nicht wirklich. Er mag es vielleicht als Verschwendung betrachten, daß sich ein so weites Land im Besitz von Millionen Menschen befindet, die nur Großstädte wie Los Angeles oder Denver bevölkern.

Und was ist mit der politischen Ungerechtigkeit, die den mexikanischen Einwohnern von Kalifornien während des Mexikanisch-Amerikanischen Krieges widerfuhr? War Los Angeles das wert? Urbane Zentren, wie Los Angeles, Kansas City und Denver, verdanken ihre Existenz modernster technischer Entwicklung.

Man kann sich nur schwer vorstellen, daß in diesem Raum ein naturverbundenes Volk lebte, dem weder Schrift, Metall noch Rad bekannt waren.

Obwohl Costners Aussage Gültigkeit hat, waren die Dakota-Sioux weit von der Maxime entfernt, ›nur Krieg zu führen, um zu überleben‹, mit der sie Costner in ›Der mit dem Wolf tanzt‹ idealisierte. In einem Aufsatz der Zeitschrift ›Commentary‹ liefert Richard Grenier Beweise, daß die Stämme der Dakota-Sioux brutal, aggressiv und erbarmungslos waren:

›In der Mitte des Bürgerkrieges 1862, dem Jahr von Antietam, brachen die Sioux, denen ein weiterer Rückzug nach Westen bevorstand, zu ,einer der grausamsten und blutigsten Erhebungen in der Geschichte der Indianer' auf, wie es die Historiker Robert M. Tuley und Wilcomb Washburn formulierten. Schon am ersten Tag, ,einem Alptraum von Feuer und Tod', wurden vierhundert Siedler niedergemetzelt.

Die Sioux überfielen die Redwood Agency in Minnesota, massakrierten die Männer, steckten die Häuser in Brand und verschleppten Frauen und Kinder. Sie verschonten keinen. In einer Woche kamen fast eintausend weiße Siedler durch die Hand der Indianer um.

In großen Scharen zogen sie über das Land, mordend, plündernd und brandschatzend. Sie folterten und vergewaltigten ihre Opfer. Ungefähr dreißigtausend Grenzsiedler flohen nach Osten. Dieser Aufstand versetzte das ganze Gebiet des Great Plains für volle acht Jahre in Schrecken und Aufruhr.‹

Auch wenn es 1862 nicht zu dieser großen Auseinandersetzung gekommen wäre, so hätten die Stämme der Great Plains jeden Fremden, der unter ihnen aufgetaucht wäre, als Eindringling betrachtet, der eine Bedrohung darstellt und deshalb möglichst sofort zu töten sei. Clark Wissler, ehemaliger Kurator im American Museum of Natural History, Abteilung Anthropologie, bestätigt diese Aggressivität ebenfalls.

Genier schreibt weiter in seinem Aufsatz: ›Eins ist sicher, die Weißen haben den Krieg nicht zu den Dakota-Sioux gebracht. Dieser Stamm war von Natur aus sehr kriegerisch. Jahrhundertelang wurden sie im Waffengebrauch unterrichtet. Bei ihren Überfällen verschonten sie zwar die anderen Dakota-Stämme, aber da hörte ihre Friedlichkeit auch schon auf.‹

In ›Pawnee Passage‹ erklärt Martha Royce Blaine, die Frau des Pawnee-Häuptlings Garland J. Blaine: ›Die wildesten und räuberischsten Sioux-Banden waren die Brule und Oglala.‹ Für das atypische Verhalten der Pawnee-Indianer, dem Weißen Mann als Scout zu dienen, gibt Blaine folgendes Motiv an: Die Sioux ermordeten unzählige Pawnee-Frauen, um den Stamm ökonomisch und populationsmäßig zu schwächen. Eins ist sicher, die Sioux waren wilder, als sie in ›Der mit dem Wolf tanzt‹ gezeichnet werden.

Betrachtet man die idealisierten Indianer, die hinter dem gigantischen Kassenerfolg dieses Films stehen, etwas tiefschürfender, gewinnt man einen zusätzlichen Einblick in die kulturellen Werte, die wir von den primitiven Völkern übernehmen können. Wie wir in einem ganzseitigen achtzigtausend-Dollar-Inserat der New York Times (die damit einen Fond zur Errichtng eines Nationalmuseums für amerikanische Ureinwohner gründen möchte) lesen können:

›...Ihr Wissen um das subtile Gleichgewicht zwischen Mensch und Natur richtet eine zeitgemäße, ökologische Botschaft an uns. Ihre Ethik vom Begriff des ‚Teilens' sollte der modernen Gesellschaft Inspiration und Beispiel sein. Die Systeme ihrer Herrschaftsformen haben mit denen unserer Vorväter vieles gemeinsam und gaben der Verfassung Amerikas ihren Rahmen. Außerdem können uns ihre Kenntnisse über das Universum und die Astronomie bei der Planung unserer Zukunft im Weltall hilfreich sein.‹

Es läßt sich nicht verleugnen, daß das Publikum, das die idealisierte Porträtierung der Indianer begrüßt, geschichtliche Tatsachen genauso verkennt wie Costner. Auch wenn Costner darauf hingewiesen hat, daß es nicht in seiner Absicht lag, dokumentarisch zu sein, sieht ein Blinder, daß sein Bild der heldenhaften Sioux-Indianer rosarot getönt ist. Costner hat uns pauschal ein Bild der Sioux als liebenswürdiges, gefühlvolles und großzügiges Volk vorgegaukelt. Man kann daher wohl kaum behaupten, daß die Zuschauer ihre Kenntnisse der amerikanischen Geschichte durch diesen Film erweitern konnten.

Ironischerweise hat der sonst so perfekte Regisseur ein authentisches Beispiel indianischer Sitten und Gebräuche durch fehlende Erklärung unter den Tisch fallen lassen. Als ›Stands With A Fist‹ Lt. Dunbar zum ersten Mal begegnet, ist ihre Kleidung mit Blut getränkt, aber leider erfahren wir nie, warum. Obwohl wir später entdecken, daß sie in Trauer ist, wird nie erklärt, daß die Frauen der Oglala-Krieger ihre Beine zum Zeichen der Trauer mit einem Messer aufschlitzten.

Keiner schien Costners Bemühungen so zu schätzen wie die verschiedenen Indianerstämme, die ihm mit Briefen und Ehrungen dankten. Costner erklärte dazu: »Ich habe von ihnen nichts Negatives (über diesen Film) gehört, aber ich bin sicher, daß es unterschwellig doch einige Probleme gab. Es war wie ein allgemeines Erwachen. Ich habe Briefe von indianischen Geschäftsleuten erhalten, die mir schrieben, um mir zu sagen: ›Ich hatte vergessen, wer ich bin.‹ Viele von ihnen sind sehr, sehr emotional.«

Costner glaubt, daß sein Portrait der Indianer in ›Der mit dem Wolf tanzt‹ in Zukunft den Filmemachern Schwierigkeiten machen dürfte, auf die stereotypen Bilder zurückzukommen. In dieser Hinsicht hat Costner uns eine andere Perspektive von den Ureinwohnern Amerikas aufgezeigt als allgemein üblich. Obwohl dem Publikum in diesem Film das andere Extrem vorgegaukelt worden sein mag, wird es wie bei einer physikalischen Reaktion eine Weile dauern, bis das Pendel der Vorurteile seine Balance gefunden hat.

Wie der Regisseur zugibt, wollte er mit seinem Film die Geschichte weder neu schreiben noch berichtigen. »Ich wollte die Interaktionen der Indianer in ihrem Stammesumfeld darstellen und ließ sie in Situationen agieren, die universal verständlich sind. Ich zeigte, wie sie miteinander sprechen, wie sie ihren Gedanken nachgehen, sich mit ihren Problemen auseinandersetzen – was zum Beispiel bedeuten kann, daß sie verunsichert sind und nicht immer wissen, was sie tun sollen. Das schien mir im Vergleich zu früheren Darstellungen der Indianer ein Novum zu sein. Ich zeige sie so, wie ich sie immer empfunden habe. Ab meinem siebenten Lebensjahr wußte ich, daß sie weder Monster noch Clowns oder würdelose Wesen waren. Ich wußte, daß sie ein beeindruckendes Volk sind, wie es in manchen Filmen, zum Beispiel in ›The Searchers‹ (›Der schwarze Falke‹), zum Ausdruck kommt. Wenn ich die Indianer ansehe, meine ich, in das Antlitz Amerikas zu blicken.«

Als er von dem Stamm der Rosebud-Sioux mit der sogenannten Hunka-Zeremonie geehrt wurde, erklärte einer der Stammesältesten: »Wir sind stolz darauf, Kevin Costner zu unserem Blutsbruder gemacht zu haben... eine Ehre, die wir ihm wegen seiner hervorragenden Darstellung unseres Volkes erwiesen haben.«

Zum Dank für sein einfühlsames Portrait ernannten sie ihn

zum Ehrenmitglied des Sinte Gleska Colleges – wo Costner und sein Team einen Intensivkurs in der Siouxsprache Lakota absolvierten. Das College liegt in Rapid City im Rosbud Reservat, South Dakota. Mary McDonnell und Jim Wilson wurden ebenfalls in den Stamm der Sioux aufgenommen.

Costner wiederum revanchierte sich mit einer Schenkung von 120000 Dollar, um im kulturhistorischen Zentrum von Pierre, South Dakota, eine ständige Ausstellung über das Volk der Sioux einzurichten. Costner und seine Frau stifteten dieses Geld aus Dankbarkeit über den offenen und herzlichen Empfang, der ihnen während ihrer dortigen Dreharbeiten zuteil wurde. Unter anderem wird der in Vergessenheit geratene Geistertanz veranschaulicht sowie der gewaltsam erzwungene Rückzug der Sioux ins Reservat und die damit verbundene Aufgabe ihrer Lebensgewohnheiten.

›DER MIT DEM WOLF TANZT‹
im Spiegel der Filmkritik

Aus: ›The New Yorker‹ (Pauline Kael)
›Es ist allemal ein mittelmäßiges Epos. Der Film eines Naturburschen oder eines Knaben, der immer davon geträumt hat, einmal Indianer zu sein. Der Film – Costners Debüt als Regisseur – ist kindlich naiv... Keine Stelle mit erzählerischer Kraft oder Biß. Dieser Western erinnert sehr an einen Unterricht in Sozialkunde aus dem New Age: nicht wirklich revisionistisch, sondern nur eine aufgewärmte, sensiblere Variante des alten Themas. Es ist nichts Affektiertes an Costners Spiel oder seiner Inszenierung. Man hört seinen entspannten Surfer-Akzent, man sieht seine kleinen Possen, sein absichtlich tolpatschiges Gebaren und Großaufnahmen seiner Stattlichkeit. Dieses Epos wurde von einem faden Größenwahnsinnigen gedreht. (Die Indianer hätten ihm den Namen ‚Der mit der Kamera spielt‘ geben sollen.) Man sieht

in dieses sorglose Gesicht und weiß, daß er alles mit links machen kann ... Die Scharen der Kinobesucher lieben diesen Film, obwohl – oder vielleicht weil – seine Aussage so simpel ist ... Vielleicht liebt die Menge dieses Epos, weil es so unschuldig ist: Costner zeigt uns einen nackten Hintern wie ein kleiner Junge im Ferienlager, der sich mit Mutter Natur eins fühlt. Er ist der jungenhafte Mann der Stunde: Die Sioux auf der Leinwand verehren ihn, weil er ein Held und obendrein bescheiden ist. Und die Interviews im Fernsehen loben diese Qualitäten ebenfalls. Er ist der Orson Welles, den sich jeder wünscht – Orson Welles ohne Bauch.‹

Aus: ›Newsweek‹ (David Ansen)
›‚Der mit dem Wolf tanzt' kann nicht verhehlen, sentimental und anachronistisch zu sein – der Held trägt in einigen Sequenzen eine Empfindsamkeit zur Schau, die verdächtig modern ist. Auch wenn sich unser Verstand manchmal sperrt, so liebt das Herz die schöngeistige Weite des Films, seine aufrichtige Achtung gegenüber einer Kultur, die wir so unüberlegt zerstört haben ... Es ist ein verzauberndes Märchen, bei dem Costner zuversichtlich wie ein alter Hollywood-Hase Regie führte, stets in dem Bewußtsein, daß Unterhaltung vor Ernsthaftigkeit kommt. Er besitzt den Instinkt eines Dramaturgen für die richtige Mischung aus Gewalt, Witz und Liebe und das Auge eines Malers für großartige Landschaftsbilder und eine fast anthropologische Einschätzung der Sioux-Indianer ... Costner versteht sich auch kalkuliert in Szene zu setzen: Wie Robert Redford weiß er, daß Bescheidenheit mit einem Schuß Tolpatschigkeit seine Attraktivität erhöht.‹

Aus: ›The New Republic‹ (Stanley Kauffmann)
›Michael Blake hat das Drehbuch geschrieben, und Costner ist es zudem gelungen, Dean Semler als Kameramann und Neil Travis als Chefcutter zu verpflichten. Unter Mithilfe dieser Kollegen gelang es dem Regie-Novizen, einen Film zu

produzieren, der uns durch das Gezeigte fesselt, auch wenn das Gesagte schwach ist.‹

Abschließend zu ›Der mit dem Wolf tanzt‹ möchte ich auf das Buch selbst zu sprechen kommen. Kevin Costner hat die Einleitung zu einem Buch über die Herstellung des Films geschrieben, das von der Newmarket Press unter dem Titel ›Dances With Wolves‹ verlegt wurde. Ohne Mithilfe von Michael Blake, Kevin Costner und Jim Wilson wäre das Buch nicht entstanden. Dieses Buch enthüllt Szenen, die sich ›hinter den Kulissen‹ abspielten, und veranschaulicht dadurch, mit welcher Begeisterung und Sorgfalt der Film gemacht wurde.

In der Einleitung zu diesem Buch läßt Kevin Costner noch einmal seine Gedanken und Erkenntnisse Revue passieren:

›‚Der mit dem Wolf tanzt‘ ist und bleibt in erster Linie ein Film und sollte als das gesehen werden. Die Lektüre des Buches wird sich niemals mit dem Erlebnis messen können, diesen Film auf der Leinwand zu sehen. Da ich die Story kenne, werde ich immer auf den Zuschauer eifersüchtig sein, der diesen Film völlig unvoreingenommen sehen und genießen kann.

Wo ich mir das nun vom Herzen geredet habe, kann ich Ihnen sagen, daß der Film tatsächlich aufgrund einer persönlichen Herausforderung entstanden ist, die den Samen zu einem Konflikt ausstreute, dem beinahe eine langjährige Freundschaft zum Opfer gefallen wäre. Es wird immer Michael Blakes Verdienst bleiben, daß dieser Film das Licht der Welt erblickt hat, und ich hatte das große Glück, daß sich unsere Wege kreuzten.

Die Story begann wie die meisten Stories: Der Autor sitzt vor einem leeren Blatt Papier. Es gab keinen Anlaß. Es gab keinen Termin. Und durch diese Ungebundenheit konnte er seinem Herzen folgen.

Daß Michael über das amerikanische Grenzland schreiben

würde, war völlig überraschend. Nicht aber meine Begeisterung. Michael gelang es, sämtliche Elemente einzuschweißen, die mich so anzogen: Einfachheit, Würde, Komik und Eindringlichkeit. Er schuf eine Geschichte, die eine Kultur umreißt, welche bisher historisch wie filmisch schmählich verkannt und fehlinterpretiert wurde.

Die Frage, ob ich die Regie führen sollte, war wahrscheinlich das größte Problem, was dann eine sowohl persönliche wie berufliche Auseinandersetzung auslöste. Eins wußte ich jedoch mit Sicherheit: Wenn dieser Film nicht so großartig ausfallen würde, wie die Filme, die meine Liebe zu diesem Genre geweckt hatten, dann würde ich meinen Entschluß ewig bereuen.

Meine einzige Hoffnung ist, daß dieser Film Sie beeindruckt. Er wurde nicht gemacht, um Ihre Gefühle zu manipulieren, noch um die Vergangenheit umzudichten oder die Geschichte zu korrigieren. Es ist ein romantischer Rückblick auf eine schreckliche Episode unserer Geschichte, wo wir Expansion mit Fortschritt gleichsetzten und nur wenig gewonnen, aber viel verloren haben.

Dieses Buch ist eine letzte Bestandsaufnahme meiner persönlichen Erfahrungen und Beziehungen zu diesem Film und läßt mich über neu gewonnene Freunde und alte Freundschaften, die sich bewährt haben, nachdenken. Erinnerungen an meine Jugend werden wach, und ich weiß jetzt mehr denn je den Wert meiner Familie und die Liebe meiner Freunde zu schätzen.

Wenn ich das Glück habe, gesund zu bleiben, besteht kaum ein Zweifel, daß ich weitere Filme machen werde, aber wenn nicht, dann würde ,Der mit dem Wolf tanzt' das Bild vervollständigen, das ich seit meiner Kinderzeit von mir hatte. Dieser Film wird für immer meine Liebeserklärung an die Vergangenheit sein.‹

Siebtes Kapitel

›Robin Hood, König der Diebe‹

Der Erfolg von ›Robin Hood, König der Diebe‹ (›Robin Hood: Prince Of Thieves‹) erwies sich für Kevin Costner als zweischneidiges Schwert. Spannungen und Auseinandersetzungen während der Produktion des Filmes sorgten für böses Blut und stellten seine Freundschaft mit Kevin Reynolds auf eine harte Probe. Costners tyrannisches Verhalten während der Dreharbeiten trug ihm außerdem den nicht gerade schmeichelhaften Vergleich mit Orson Welles ein. Mit der Unterzeichnung des Vertrages bei der Produktionsgesellschaft Morgan Creek für die Neuverfilmung des MGM-Klassikers aus dem Jahre 1938 brach eine Flut von Problemen über das Projekt herein. Costner entschloß sich aus zwei Gründen für diesen Film: Freundschaft und Geld. Sein Freund Kevin Reynolds war als Regisseur für den ursprünglich auf dreißig Millionen Dollar veranschlagten Film verpflichtet worden, für den Costner eine Gage von acht Millionen Dollar erhielt. Costner erklärte bei der Vertragsunterzeichnung: »Ich mache es, weil er (Reynolds) es macht.«

Der Vorsitzende der 20th Century Fox, Joe Roth, tobte, als er erfuhr, daß gleichzeitig noch andere Robin-Hood-Projekte im Rennen lagen. Roth hatte bereits mit dem Regisseur John McTiernan Monate im Studio verbracht und viel Geld investiert, um einen neuen Robin-Hood-Film vorzubereiten. Empört ließ er in ›Variety‹ verlauten, daß zwei rivalisierende Filmgesellschaften ›wider jedes Rechtsgebaren und jede Moral handelten, indem sie sich simultan dazu entschlossen hatten, konkurrierende Robin-Hood-Filme zu

›Revenge‹ *Columbia*

›Dances With Wolves‹ Der mit dem Wolf tanzt *Orion*

produzieren, obwohl die Fox sich nachweislich als erste damit befaßt hatte‹.

McTiernan war als Regisseur für die Fox-Version mit dem Titel ›The Adventures Of Robin Hood‹ (›Die Abenteuer des Robin Hood‹) verpflichtet worden, die auf einem Drehbuch von Mark Allen Smith beruhte. Im Oktober sollte McTiernan mit den Dreharbeiten beginnen. Im Juli 1990 jedoch kündigten sowohl Morgan Creek als auch TriStar das Remake des Films nach der Errol-Flynn-Vorlage aus dem Jahre 1938 an.

TriStar wollte unter dem Titel ›Robin Hood‹ produzieren, und Morgan Creeks Fassung hieß ›Robin Hood: Prince Of Thieves‹. Drehbeginn für beide Filme war auf den 3. September festgelegt.

Zu diesem Zeitpunkt hatte noch keiner der drei rivalisierenden Produzenten einen Star für die Hauptrolle anzubieten. Mel Gibson, Patrick Swayze, Alec Baldwin, Kevin Kline und Kevin Costner standen alle gleichermaßen hoch im Kurs. Das Ganze artete zu einem Wettrennen aus, denn Produzenten wie Hollywood-Agenturen wußten genau, daß derjenige, der zuerst einen Star verpflichten konnte, auch einen entscheidenden Vorsprung für sich verbuchen würde. Hatte eine Partei einmal einen bekannten männlichen Hauptdarsteller unter Vertrag, würden die Gegner abspringen und den Kampf gegen einen klar Führenden nicht mehr aufnehmen.

(Später sollte Kevin Costner erklären, Mel Gibson hätte die Rolle abgelehnt, weil sie seiner Figur in ›Hamlet‹, einem englischen Mantel- und Degen-Klassiker, zu ähnlich sei.)

Das Gerücht, daß Costner damals angeblich mit Fox und Morgan Creek gleichzeitig verhandelte, wollte nicht verstummen. Morgan Creek aber hatte Kevin Reynolds für die Regie gewonnen. Reynolds war Costners Freund und Partner seit ihrer gemeinsamen Arbeit an ›Fandango‹, und beide waren seit dieser Zeit in engem Kontakt geblieben. Aus diesem Grunde spekulierte man, daß Costner sich, falls er die Rolle überhaupt übernähme, für Morgan Creek entscheiden würde.

Roth beklagte sich weiterhin über das, wie er fand, zweifelhafte Verhalten seiner beiden Konkurrenten. In ›Variety‹ räumte er zwar ein, daß der Stoff keinem Urheberrecht mehr unterliege. Er sei aber trotzdem der Meinung, daß seine Kollegen ›wenig moralisches Empfinden an den Tag legen, wenn sie nach demselben Stoff aus der klassischen Literatur greifen. Haben Disney, Warner oder sonst wer einen frei zugänglichen Stoff, lasse ich meine Finger davon.‹ Allerdings habe er schon zu seiner Zeit als freier Produzent, bevor er bei Fox die Zügel in die Hand nahm, feststellen müssen, daß man seine Ansichten über Konkurrenzproduktionen als naiv abtat. Andere vermuteten, daß Roths Ärger einer gewissen ›Nervosität‹ über das gegnerische Produkt entsprang.

»Unter Wettbewerb verstand ich schon immer, das Bestmögliche zu geben – und mit offenen Karten zu spielen«, sagte Roth zu seiner eigenen Verteidigung. Sein Kommentar läßt aber völlig außer acht, daß Hollywood nie ›mit offenen Karten spielt‹, wenn es darum geht, aus dem Erfolg der Konkurrenz Kapital zu schlagen. Shirley Temple, Marilyn Monroe und sogar Rin Tin Tin wurden von der Konkurrenz gnadenlos geklont, um das schnelle Geld zu machen.

Auch nach seinen Erfolgen mit ›The Hunt For Red October‹ (›Jagd auf Roten Oktober‹), ›Die Hard‹ (›Stirb langsam‹) und ›Predator‹ hatte McTiernan Grund zu Unmut. »Es ist eine schmerzliche Erfahrung, und so etwas wird mir nie wieder passieren. Wir beendeten das Drehbuch vor zwei Jahren und begangen den Fehler, es bekanntzugeben. So ist es passiert, daß man nach meinen letzten drei Filmen Serien drehte. Und ich nehme an, früher oder später werden sie die Serien bereits parallel zu meiner Produktion machen«, sagte der Regisseur sarkastisch und fügte hinzu, daß er in Zukunft seine Projekte unter Decknamen anmelden würde, um ähnliche Vorkommnisse zu vermeiden.

Roth behauptete, sowohl David Nicksay, jetziger Produktionsleiter der unabhängigen Morgan-Creek-Filmgesellschaft, als auch Ed Zwick und Marshall Herskovitz, Produzent bzw. Regisseur der TriStar-Version, wären sich »voll im klaren darüber gewesen, daß die Arbeiten an Robin Hood bei der Fox bereits im Gange waren«. Zwick reagierte darauf in einer Presseerklärung: »Ich kenne Joe Roth, und wie er habe ich in unserer Branche niemals unlautere Methoden angewandt und werde dies auch in Zukunft nicht tun. Seine Unterstellung, unser Verhalten sei unmoralisch, ist verletzend und beleidigend.« Roth konterte: »Wie sie es auch drehen und wenden, fest steht, daß sie einen Robin-Hood-Film machen. Ein so erfahrener Mann wie Zwick weiß sehr wohl, welche negativen Auswirkungen beim Publikum ein nachfolgender ›Robin Hood‹ auf seinen Vorgänger hat.«

Nicht jeder pflichtet Roths Argument bei. Wenn ein Film ein Kassenschlager ist, dann zieht er die Zuschauer wie ein Magnet in die Kinos. Filmverleiher bevorzugen deshalb oft ein wechselndes Programm. Weihnachtsprogramme sind besser besucht, wenn gleichzeitig zwei oder drei große Kino-Hits anlaufen. Sie machen Appetit.

Wenn man also Robin Hood mag und einen gutgemachten Film darüber gesehen hat, ist man wahrscheinlich eher bereit, sich auch noch einen zweiten, guten Robin-Hood-Film einer anderen Produktion anzusehen. Aber der Spieß läßt sich auch umdrehen: Wenn die Filmversion einer Produktion ein Bombenerfolg und der Kinogänger davon begeistert ist, kann es durchaus sein, daß er auf die Versionen anderer Produktionen verzichtet.

Noch ein anderes, weniger bekanntes Detail dieses Kleinkrieges hat Roth verärgert. Die Agentur William Morris, die McTiernan und Drehbuchautor Mark Allen Smith vertritt, betreut auch Peter Densham und John Watson, die das Drehbuch für ›Robin Hood‹ entworfen haben. Das Drehbuch wurde im Februar – nachdem sich die Interessenten wie bei einem hochkarätigen Pokerspiel gegenseitig überboten hatten – für die astronomische Summe von 1,2 Millionen Dollar verkauft.

William Morris gab zu diesem Thema keinen Kommentar ab, wohl aber Roth, wie üblich. »Die Agentur Morris wußte ganz genau, daß wir bereits mitten in der Vorbereitungsphase für ›Robin Hood‹ steckten, als sie das Geschäft abschlossen«, schimpfte er. Von dem Moment an, da Costner sich für Morgan Creek und Reynolds verpflichtet hatte, verebbte der Konkurrenzkampf im Sande. So erging es auch den beiden anderen Robin-Hood-Filmen – beide waren weder Publikumserfolge noch fanden sie bei den Kritikern Beachtung.

David Nicksay, der Chef von Morgan Creek, hielt mit seiner Begeisterung nicht hinter dem Berg, als er sagte: »Das Aufregende daran ist: Wir glauben, daß nur er als Regisseur für diesen Film in Frage kommt. Er hat einen grandiosen Sinn für Humor, ein fantastisches Augenmaß und einen sehr energischen Regiestil. Wir haben ihn praktisch sofort, nachdem er den Vertrag unterschrieben hatte, in die nächste Maschine nach London gesetzt, um die Produktion sofort auf die Beine zu stellen.«

Reynolds wurde von den Produzenten aufgrund seines eher bescheidenen, 1988 gedrehten Films ›The Beast‹ engagiert. Daß Reynolds den Vertrag bekam, bei einem Dreißig-Millionen-Dollar-Projekt Regie zu führen, obwohl er bereits zwei Flops hinter sich hatte, zeigt eine gewisse Nonchalance, die sich unter den Hollywood-Produzenten breitzumachen scheint: Für immense Gagen nehmen sie Drehbuchautoren und Regisseure unter Vertrag, die mit früheren Werken keine Erfolge erzielt haben. Offensichtlich nehmen sie pures Gerede über zukunftsreiche Talente für bare Münze.

So erscheint es als Fehlentscheidung bei einem an sich schon riskanten Unternehmen, wenn ein nicht gerade erfolgreicher Regisseur für einen Film sechzig Millionen Dollar ausgibt. Im Moment belaufen sich die Brutto-Einnahmen von ›Robin Hood‹ in den USA und Kanada auf 164 Millionen

Dollar. Das heißt, die Einnahmen aus dem Verleih (die gleichermaßen an Studios und Gewinnbeteiligte gehen) machen davon nur etwa 80 Millionen Dollar aus.

Eine Wall-Street-Analyse hat ergeben, daß der Film ungefähr 90 Millionen Dollar einspielen muß, bis Morgan Creek überhaupt einen Dollar Profit sieht. Der Verleih in Europa, Video- und Fernsehrechte, bringen zwar einen hübschen Gewinn, aber anhand dieser Analyse läßt sich jedoch erkennen, daß der Film kaum in dem Maße die Kassen füllen wird, wie allgemein prophezeit wurde – besonders, da das ursprünglich auf 30 Millionen Dollar veranschlagte Budget auf 60 Millionen geklettert ist. Hinzu kommen noch Werbekosten, wie ganzseitige Anzeigen in Fachzeitschriften und Kosten für Kopien, um die von den Wall-Street-Analytikern errechneten 90 Millionen Dollar vollzumachen.

Noch nie wurde ein Film strategisch so durchdacht in den Bereichen Marketing, Vertrieb und Verleih lanciert. Zeitweise war er gleichzeitig in 4500 Kinos in den USA und Kanada und in mehr als 2000 europäischen Kinos zu sehen.

Eine ganze Reihe von Vertriebs- bzw. Lizenzverträgen wurde in Verbindung mit dem Film abgeschlossen, und der Soundtrack des Films war das erste Album der neugegründeten Morgan Creek-Records, einer Schallplattenfirma. Michael Kamen schrieb die Instrumentalpartitur, Bryan Adams gab nach fünf Jahren Pause wieder eine Single heraus, mit einem Song aus dem Film (Everything I Do, I Do It For You). Die Filmmusik gelangte in die Top Ten der Charts, und die Single wurde sogar die Nummer eins.

Die Marketing-Strategie für ›Robin Hood‹ war ungeheuer innovativ, da für die unterschiedlichen Zielgruppen die jeweils entsprechenden Werbespots produziert wurden. Für Frauen wurde das romantische Element herausgestellt, und in den Spots, die auf die Jugendlichen abzielten, standen Action und Mystik im Vordergrund.

Noch eine weitere Neuheit war zu verzeichnen. Zum ersten Mal berechnete Warner Brothers ein Eintrittspreis-Minimum von fünf Dollar für Erwachsene und drei Dollar für Kinder in Ballungszentren bzw. vier Dollar und zwei Dollar in kleineren Städten. Mit dem erhöhten Minimalpreis wollte sich Warner Brothers vor allem gegen Verleiher absichern, die ihre Ware unter Preis verkaufen wollten.

Der Drehbeginn für ›Robin Hood‹ war auf den 3. September in den Shepperton-Studios in London festgelegt, wo auch Sigourney Weaver ihren Film ›Gorillas In The Mist‹ (›Gorillas im Nebel‹) fertiggestellt hatte. Die Produzenten waren der Meinung, daß England der geeignete Ort für die Dreharbeiten sei, um dem Film durch die historischen Drehorte Authentizität zu verleihen. Dem technischen Team gehörten auch Art Director Alan Tomkins (Chef des Bühnenbilds) an, der den Oscar für ›The Empire Strikes Back‹ (›Das Imperium schlägt zurück‹) erhielt, und Peter Young, Oscarpreisträger für die beste Ausstattung (›Batman‹). Sie gaben dem Film den modernen Touch der neunziger Jahre, auf dem die Produzenten bestanden hatten, aber auch Costner, der der Ansicht war, daß der Filmstoff als solches eine Modernisierung gut gebrauchen könnte.

»Wir werden die Legende von Robin Hood nicht verfälschen, aber wir werden ein wenig damit spielen«, sagte der Star des Films. »Wir haben ein paar Dinge hinzugefügt. Nachdem er von den Kreuzzügen zurückgekehrt war, saß er fünf Jahre im Gefängnis, bevor er entkommen konnte – und das wirkt sich natürlich unmittelbar auf die Art aus, wie ich Robin Hood spiele. Damit ist er nicht mehr der sorgenlose Frechdachs und liebenswerte Halunke, den Eroll Flynn verkörperte, sondern ein Mann, der weit in der Welt herumgekommen ist und seine Tage nicht nur in Sherwood Forest verbracht hat.« Einen Punkt gab es, wo der ›Geist‹ Eroll Flynns Costner echte Sorgen bereitete: die ungeheure Präsenz jener waldgrünen Strumpfhosen, die Flynn in seinem Film getragen hatte. Costner weigerte sich, solche Strumpfhosen zu tragen, obwohl er, wie man allgemein versicherte, dafür ›die Beine hat‹.

Costner erzählt, er habe die Strumpfhosen bei sich zu Hause ungestört anprobiert und dann seine Entscheidung getroffen. Am Tag der ersten Anprobe erlaubte sich der Kostümbildner John Bloomfield einen Scherz und brachte leuchtend grüne Strumpfhosen sowie eine kecke kleine Filzkappe mitsamt langgeschwungener Feder mit. Costners Augen schossen Blitze, der Kostümbildner geriet in Panik und verließ den Schauplatz fluchtartig.

»Sein Mut hat ihn schnell im Stich gelassen«, sagte Costner. Männliche Hoolywoodstars fürchten Strumpfhosen dermaßen, daß manche ihretwegen sogar aus einem Film ausgestiegen sind. Das Merkwürdige daran ist, daß es keinerlei verbriefte Anhaltspunkte dafür gibt, daß Robin Hood jemals grüne Strumpfhosen trug.

Costner entschied sich für normale braune Hosen und brachte zudem seinen eigenen Friseur nach England mit. Da er sich mit dem britischen Akzent schwer tat, nahm er Sprachunterricht. Als sich abzeichnete, daß der Drehplan weitere Lektionen nicht vorsah, verzichtete er auf den britischen Akzent.

Costner wollte genau die Elemente, die dem Film von 1938 Weltruhm verschafften, entscheidend verändern. Was MGM als zeitloses Dokument der Filmkunst betrachtet, beeindruckte Costner überhaupt nicht: »Ich bewundere Flynn, daß er in einem so albernen Film so gut war.«

Trotzdem werden zwischen Costner und Flynn ständig die unvermeidlichen Vergleiche angestellt. Bei allen Mängeln, die Flynn aufwies, glaube ich doch, daß keiner mit gutem Gewissen behaupten kann, Costners moderne Version stelle eine Verbesserung dar. Eine kürzlich veröffentlichte Meinungsumfrage, wer denn der ›beste‹ Robin Hood sei, lief auf ungefähr folgendes hinaus: ›Flynns ‚Fröhliche Gesellen‘ waren bei weitem die fröhlichsten, und seine Pappmaché-Schlösser wirkten echter als die Bauten in Costners Film. Niemand aber, so die einhellige Meinung, komme an die unerreicht schöne Erscheinung des Betrunkenen (Eroll Flynn) heran, der mit in die Hüfte gestemmten Händen in ein schallendes Gelächter ausbricht und dabei auf unnachahmliche Weise sein wildes Draufgängertum zur Schau stellt. Immerhin gab es Stimmen der Sympathie für das warmherzige Rauhbein Costner, dem ein Text aufgebürdet war, den Richard Burton nicht einmal im nüchternen Zustand gemeistert hätte.‹

Ein weiteres Beispiel für die Modernisierung der Story war die Besetzung des Will Scarlett mit Christian Slater. Da sein Aussehen und Gebaren unserem heutigen Zeitgeschmack entsprechen, verlieh er dem Film etwas mehr von dem Flair, das ihm so fehlte. Seine Einbeziehung war ein weiteres Zeichen für die fixe Idee der Produzenten, den Film auf keinen Fall ›altmodisch‹ erscheinen zu lassen. Solange es Reiche und Arme gibt, dürfte es niemals ›altmodisch‹ sein, von den Reichen zu nehmen, um es den Armen zu geben. Nicksay versprach, daß Slater der Figur des Will Scarlet eine neue, frische Nuance verleihen würde. Aber ist es denn andererseits notwendig oder, filmisch gesehen, glaubwürdig, einer klar umrissenen Figur des zwölften Jahrhunderts eine James-Dean-Fassade zu verpassen?

Auf Wunsch des Produzenten tauchte im Plot auch noch ein Maure in der Person des Morgan Freeman auf, den die Kritikerin Pauline Kael als den ›vielleicht besten Schauspieler der Vereinigten Staaten‹ bezeichnet. Freeman spielt Azeem, der eine tiefe Abneigung gegen die Briten hegt und trotzdem Robin aus den Händen der Feinde und damit vor dem sicheren Tod rettet. Die strapaziöse Rolle zeigte Freeman seine Grenzen. »Man hätte sie mir früher anbieten sollen, so etwa, als ich fünfzehn war. In Mississippi, wo ich aufwuchs, stand ich morgens auf und rannte den ganzen Tag herum, nonstop, oft bis Mitternacht. Davon bin ich jetzt ein bißchen abgekommen, aber nicht so sehr, daß ich es nicht mehr kann.«

Costner erklärte, Freeman wäre für ihn mitausschlaggebend gewesen, in ›Robin Hood‹ mitzuwirken. »Durch ihn bekommt die Story erst den richtigen Drall«, erklärte er.

Freeman wiederum verteidigt Costner, dem ein allzu egozentrisches Verhalten vorgeworfen wird. »Kevin ist der Gebende, er ist echt, er ist aufrichtig, er ist verfügbar. Wenn man mit einem Star arbeitet, dann möchte man nicht mit ›noch eine Sekunde‹ abgespeist werden, wenn man ihn dringend sprechen muß. Kevin widmet einem sofort seine ganze Aufmerksamkeit. Da gibt es keine Mittelsmänner, die den großen Herrn und Meister vom Fußvolk abschirmen. Er ist einer von denen, die mit dem Erfolg spielend fertiggeworden sind.«

Die Dreharbeiten fanden oft bei nassem und kaltem Wetter statt. Wie gewöhnlich war Costner auch hier bemüht, seine Familie in sein berufliches Umfeld einzubeziehen. Dieses Mal waren Costners Eltern zu Hause geblieben, dafür aber traf Cindy Costner eines Tages am Drehort ein, gerade als ihr Mann für den Schlagstock-Kampf mit Little John trainierte.

Cindys Wiedersehensfreude war getrübt, weil sie über die gefährlichen Stunts ihres Mannes besorgt war. Ihr Besuch war meistens mit Schreckensbildern ausgefüllt, in denen ihr Kevin immer wieder mit furchtbaren Stockschlägen malträtiert und schließlich in den eiskalten Fluß gestoßen wird. Cindy versuchte, den Regisseur dazu zu bringen, die Szene abzukürzen, indem sie kein Wort darüber verlor. »Ich hatte das Gefühl, daß es mehr Wirkung auf den Regisseur haben würde, wenn ich nur einfach dastand und ihm böse Blicke zuwarf. Ich dachte, Kevin würde die Szene dann nur drei- oder viermal drehen müssen, statt sieben- oder achtmal.«

Am vierten Tag dieser Wasserspiele gestand er seiner Frau Cindy unter vier Augen, daß er richtige Angst hätte, wieder ins eiskalte Wasser zu stürzen, und daß er in dieser Nacht nicht schlafen konnte. Costner ist deswegen bestimmt kein Feigling – das eiskalte Naß, um das es sich hier handelt, waren die Wassermassen der Aysgarth Falls in North Yorkshire, die mit etwa 70 km/h zu Tal stürzen.

Ein Detail, das amüsanterweise erwähnt werden sollte: Das Wasser war so kalt, daß Costner, dessen nacktes Hinterteil wir ja bereits aus ›Eine gefährliche Affäre‹ (›Revenge‹) und ›Der mit dem Wolf tanzt‹ kennen, sich in diesem Fall eines Doubles bedienen mußte, als seine stattliche Rückansicht zum dritten Mal von der Kamera eingefangen wurde.

Im November, zum Erntedankfest, erschien Costners Familie am Drehort. Man beging den Feiertag bereits einen Tag vorher, damit Costner den Drehplan einhalten konnte.

Der Regisseur jedoch hatte weniger Anlaß zum ›Erntedank‹, und bald darauf begann die folgenschwere Auseinandersetzung der beiden Kevins um den Schnitt des Films. Der frischgebackene Oscar-Preisträger trägt jetzt in Hollywood den Beinamen ›500-Pfund-Gorilla‹, weil er aus den Streitereien um die Überlänge von ›Der mit dem Wolf tanzt‹ und bei den Dreharbeiten zu ›Robin Hood‹ siegreich hervorging.

Ein Artikel in ›Variety‹ befindet, man erwarte nicht, ›daß sie (Kevin Costner und Kevin Reynolds) nach den zahlreichen Krächen während der Herstellung von ‚Robin Hood' jemals wieder zusammenarbeiten würden. Wie es so schön heißt, haben sie eine im Sinne der Kreativität unbefriedigende Erfahrung gemacht.‹

Freunde der beiden berichteten, daß Reynolds sich Costners Meinung nach Anregungen und Änderungsvorschlägen gegenüber gesperrt hätte. Reynolds wiederum hätte sich Costners ständige Einmischung in seine Regiearbeit verbeten. Einmal übernahm Costner bei zwei Einstellungen die Regie, und manchmal, so wurde berichtet, saßen zwei Kevins vor den Monitoren. Bei dem letzten Krach um den Filmschnitt stellte sich Costner auf die Seite der Produzenten. Diese Auseinandersetzung hat ihre Freundschaft zunächst auf Eis gelegt.

Die Aufnahmen dauerten hundert Tage und überschritten den Drehplan um eine Woche. »Wir standen unter extremem Zeitdruck, weil man den Film möglichst schnell herausbringen wollte, und am Rande eines Nervenzusammenbruchs«, wie Reynolds zugab.

Reynolds war Anwalt, bevor er die Filmhochschule der University of Southern California besuchte. »Der einzige Vorteil meiner juristischen Ausbildung besteht darin, daß ich mich von Geschäftsleuten nicht so schnell austricksen lasse«, sagt er. Während seiner Kinder- und Jugendzeit in Texas und New Mexico waren Filme für ihn »eine Traumwelt, zu der ich keinen Zutritt hatte. Ehrlich, ich wäre nie auf die Idee gekommen, daß ich eines Tages das machen würde, was ich jetzt mache.«

Nach dem totalen Mißerfolg von ›The Beast‹ erlitt Reynolds drei Jahre lang die Qualen der Selbstfindung. Bevor Costner durch die ständigen Meinungsverschiedenheiten gezwungen wurde, die Regie und auch den Schnitt von ›Robin Hood‹ in die Hand zu nehmen, wußte er nur Gutes über seinen Freund und dessen Qualitäten als Regisseur zu berichten. »Ich habe großes Vertrauen zu Kevin Reynolds. Eines Tages wird er einer der größten amerikanischen Regisseure sein. Aber mit dem Vertrauen ist es so eine komische Sache. Es kann zu einem Punkt kommen, wo jeder glaubt, der Regisseur brauche keine Hilfe: ›Ach, der wird schon was aus dem Hut zaubern!‹ Damit bringt man den Betreffenden in eine schwierige Situation. Das habe ich bei ›Der mit dem Wolf tanzt‹ erlebt, wo ich ziemlich mir selbst überlassen war.«

Zu den immer häufiger auftretenden Auseinandersetzungen gesellte sich ein weiteres massives Problem: Das Budget von 30 Millionen Dollar war am Ende der Dreharbeiten auf 60 Millionen angewachsen. Dazu kam noch, daß Robin Wright, die ursprüngliche Besetzung der Marian, ein Kind erwartete und die Versicherungsgesellschaft sich rigoros weigerte, die Schauspielerin für die weiteren Dreharbeiten zu decken. Am Ende übernahm Mary Elizabeth Mastrantonio den Part.

Das schlechte Wetter brachte Verschiebungen im Drehplan, eine Szene war unbrauchbar und wurde nachgedreht.

Dabei mußten die Dreharbeiten im Sherwood Forest vorangetrieben werden, bevor das Herbstlaub von den Bäumen fiel. Zu allem Überfluß bescherte der ständige englische Nieselregen reihum Erkältungen. In letzter Minute wurde Sean Connery einen halben Drehtag lang für eine Minirolle engagiert – für die fürstliche Summe von einer halben Million Dollar.

Costner verteidigte sich, als man ihm vorwarf, daß er bei seinen Auseinandersetzungen mit Kevin Reynolds immer das letzte Wort haben mußte. Er ist der Meinung, für mehr als nur für seine Rolle verantwortlich zu sein, weil »die Risiken, die ich in diesem Geschäft auf mich nehme, persönlicher und nicht beruflicher Art sind. Beruflich werde ich immer in der Lage sein, weiterzumachen und Filme zu drehen. Persönlich möchte ich aber keinen schlechten Film machen. Beruflich gesehen, würde ein schlechter Film schnell in Vergessenheit geraten. Aber persönlich würde ich das niemals vergessen. Ich nehme eben alles persönlich.«

Costners Erklärung, es wäre ihm immer möglich, ›weiterzumachen und neue Filme drehen‹, mag ein wenig voreilig sein, wenn man die Reaktionen des Publikums einbezieht. Es ist eigenwillig und folgt nicht immer dem Weg, den Regisseur und Schauspieler eingeschlagen haben. Es mag Costner wohlgesonnen sein, ist ihm aber dennoch keineswegs immer gefolgt, wie die Flops wie ›Fandango‹, ›American Flyers‹, ›Silverado‹ und ›No Way Out‹ beweisen.

Hat sich also der ›brave Junge‹ nach seinen Oscar-Erfolgen in einen Diktator à la Orson Welles verwandelt? »›Robin Hood‹ war für mich nicht gerade ein Idealfall«, sagte er, als man ihn darauf ansprach, bei der Regie mitgemischt zu haben. »Wenn es mit diesem Film später Schwierigkeiten gibt, ist das ein gefundenes Fressen: ›Kevin Costner reißt die Zügel an sich und übernimmt die Regie.‹ Dieses Monster.«

Costner war jedoch schon immer dafür bekannt, sich Regieanweisungen zu widersetzen und am Set hoffnungslos pingelig zu sein. »Ich bin da unerbittlich«, gibt er zu. »Ich habe bei diesem Film vielleicht mehr dazugelernt als bei anderen Produktionen. Es gab Dinge bei diesem Film, die ich nicht steuern konnte – was notwendig gewesen wäre. Noch vor zwei, drei Jahren hätte es mich verrückt gemacht. Das tut es zwar immer noch, aber inzwischen habe ich mich so weit im Griff, daß ich jeden Tag am Set erscheine und es wieder versuche. Es immer wieder versuche.«

Reynolds einziger Kommentar dazu: »Als ich anfing, habe ich viel mehr gebrüllt.« Costner hat wiederholt geäußert, daß dieser Film sein künstlerisch unbefriedigendster gewesen sei.

Wer weiß, vielleicht wäre dem Film mehr Erfolg beschieden gewesen, hätten die Produzenten David O. Selznicks Rat angenommen, wie man eine so beliebte Legende für die Leinwand adaptiere. Der vielleicht berühmteste Produzent adaptierter Klassiker, wie ›A Tale Of Two Cities‹ (›Zwei Städte‹), ›David Copperfield‹, ›Gone With The Wind‹ (›Vom Winde verweht‹), warnte Sidney Howard, den Drehbuchautor von ›Vom Winde verweht‹, einmal in einer kurzen Notiz: »Ich rate dringend davon ab, selbsterfundene Sequenzen hinzuzufügen, in denen Rhett als Blockadebrecher ›seinen Mann steht‹. Man wird uns Kürzungen verzeihen, aber niemals Dazuerfundenes.«

Vielleicht stehe ich hier mit meiner Empfindlichkeit allein, aber ich kann mir nicht vorstellen, daß Selznick je einem Autor gestattet hätte, eine Marian zu erfinden, die Robin ›in die Eier‹ tritt.

Trotz seines Erfolges an den Kinokassen hat die Kritik den Film im großen ganzen völlig verrissen. Die Kritiker wurden der gekonnten Selbstdarstellung und -beweihräucherung des Stars langsam überdrüssig und fanden den Film einfach zum Kotzen. Man warf Costner vor, er habe die Regie übernommen, um das Steuer herumzureißen und seinem Star-Ego ein Denkmal zu setzen.

Wie dem auch sei, Costners Image mag angeschlagen

sein, aber keine noch so harten Worte der Kritik konnten dem Erfolg des Films bei der Masse des Publikums Abbruch tun.

<h2 style="text-align:center">›Robin Hood‹
im Spiegel der Kritik</h2>

Aus: ›TLS‹ (Tom Shippe)
›... ist nicht mit anderen beliebten Filmen zu vergleichen, die durch eine perfekt ausgeklügelte Technik beeindrucken. Nehmen wir beispielsweise die Bogenschützen. Die Legende des Robin Hood entstand zu Zeiten, da die bäuerlichen Leibgarden der Ritterschaft, die Yeomen, ‚bewehrt mit mächtigen Bogen' auf den Schlachtfeldern Europas ihren Gegnern den sicheren Tod brachten. Und ‚mächtig' ist fürwahr der treffende Ausdruck. Die Spannkraft eines etwa zwei Meter langen Eibenbogens im Anschlag ist ungefähr doppelt so groß wie die eines modernen Wettkampfbogens. Den Skeletten der Bogenschützendgarde der ‚Mary Rose' nach zu urteilen, bedurfte es eines tonnenförmigen Brustkastens, stark verdickter Oberarmknochen (durch ständiges Training von Jugend an) und einer im Uhrzeigersinn verdrehten Wirbelsäule, um einen solchen Bogen überhaupt handhaben zu können. Costners Bögen nehmen sich dagegen wie Kinderspielzeug aus. Die Katapulte, wie im Film gezeigt, würden ebenfalls nicht funktionieren. Azeem führt zwar Teleskop und Schießpulver ein, aber zumindest letzteres ist ein Reinfall. Die nötige Vorstellungskraft fehlt. Obwohl der Film kulturhistorische Denkansätze bringt, zeigt er gegenüber der Kultur, um die es hier geht, überhaupt keinen Respekt. Unsere Vorfahren werden als Vollidioten hingestellt. Unbewußt – das räume ich ein. Aber würde das heutzutage als Entschuldigung ausreichen, Sitten und Gebräuche einer vergangenen Epoche derart gönnerhaft darzustellen?‹

Aus: ›The Spectator‹ (Harriet Waugh)

›...Robins Werben um Marian ist peinlich. Ein Kind – und dies ist ein Film für Kinder – würde es langweilig und kitschig finden. Der Gehalt der Dialoge entspricht etwa dem eines Comic Strips. Andererseits sind die Action-Szenen aufregend und blutrünstig. Der Angriff auf den Sheriff von Nottingham ist ein Höhepunkt und bringt einige überraschende Momente – der Versuch des Sheriffs, Marian in letzter Minute zu vergewaltigen, ist eine makabre, aber gelungene Pointe.

Höchstwahrscheinlich hat Robin Hood niemals existiert, und wenn, war er bestimmt nicht der Volksheld, von dem wir heute erzählen. Wenn man von diesen Tatsachen ausgeht, so ist es schwer verständlich, warum wir amerikanischen Kritiker so viel Aufhebens davon machten, wo wir ihn doch als anödend und politisch konform bezeichnen.‹

Aus: ›Sight & Sound‹ (John Powers)

›Costner hat offenbar eine für dieses Jahrzehnt gültige Erfolgsformel gefunden. Sowohl ‚Robin Hood' als auch ‚Der mit dem Wolf tanzt' behalten die Struktur geistiger Schonkost aus den Filmen der Reagan-Ära bei (der Triumph des Individualisten; klare Abgrenzung von Gut und Böse; eine tyrannische Manipulation sämtlicher Gefühle, die nur eine Reaktion zuläßt). Immerhin wurden sie mit dem ‚progressiven' Gedankengut der frühen neunziger Jahre ausgestattet (ökologische Vernunft; Verherrlichung der vertriebenen und ausgerotteten Indianer; die Umverteilung des Reichtums; New Age-Ideen zur Selbstfindung und Reife).

Obwohl ich Costners Aufrichtigkeit gegenüber eher skeptisch bin (er unterstützt Kampagnen rechtsgerichteter Politiker), muß ich zugeben, daß sich seine Filme in das Ambiente der Bush-Regierung einfügen. Gutmütig altmodisch verleihen sie den Ideen der Reagan-Ära ein menschliches Gesicht – das aber immer mehr Costners knackigem Hinterteil gleicht, je unbarmherziger man die Filme auseinandernimmt. Man sollte vielleicht noch hinzufügen, daß bei der Produktion von ‚Robin Hood', von der ersten bis zur letzten Minute ein ebensolches Durcheinander herrschte wie im Kopf unseres Ex-Präsidenten. Einer der Gründe, warum jeder mir bekannte Kritiker betreten ist, daß dieser Film ein so großes Echo fand: Er trägt der Tatsache Rechnung, daß mit riesigen Budgets unglaublich schludrige Filme abgeliefert werden, aber entweder stört es das Publikum nicht oder es bemerkt es nicht.‹

John Powers Aussage ist in diesem Punkt unrichtig. Wie bereits geschildert, reichten die Einnahmen an den Kinokassen von ›Robin Hood‹ in den USA und Kanada kaum aus, um die immensen Herstellungskosten zu decken. Mit anderen Worten: Schludrigkeit kommt beim Publikum nicht an, sonst hätte der Film garantiert höhere Einnahmen gebracht.

Gleichzeitig kann man bei dem heute eher verdrießlich stimmenden Filmgeschehen niemanden einen Vorwurf machen, wenn er eine familienfreundliche Story mit der altbewährten Mixtur aus Action, Abenteuer und Liebe bevorzugt. Dieser Film ist der beste Beweis dafür. Spielfilme, die heute versuchen, den sozialkritischen Zeigefinger zu erheben und uns ihren vorgetäuschten Anspruch auf künstlerische Wertigkeit und ihren Pseudo-Intellektualismus unter die Nase reiben, langweilen uns. Das erklärt wohl am besten die allgemeine Akzeptanz und damit den Kassenerfolg von ›Robin Hood‹.

Eine letzte, interessante Anmerkung zu diesem Film: Kevin Costner hatte in New Orleans, während der Dreharbeiten zu ›JFK‹ von einem Jungen gehört, der an Krebs im Endstadium litt und sich wünschte, ›Robin Hood‹ noch vor seinem Tod zu sehen. Der vierzehnjährige Sean Dunlap: »Ich möchte den Film so gerne sehen, aber er läuft erst am 14. Juni an, und da werde ich nicht mehr hier sein.« Costner lud den Jungen zu einer Vorschau ein und saß während der ganzen Vorstellung neben ihm. Die Vorschau fand am 1. Juni in Metairie statt. Eine Woche später war Sean tot.

›Dances With Wolves‹ Der mit dem Wolf tanzt *Orion*

›Robin Hood‹ *Rex Flatures*

Regisseure wie Produzenten sollten vielleicht mehr Filme machen, die den Menschen neuen Lebensmut und Hoffnung geben. Auf ›Robin Hood‹ trifft das zu.

Überlassen wir Kevin Costner das letzte Wort zu diesem Thema: »Der bloße Gedanke an Robin Hood zaubert ein Lächeln auf unsere Gesichter. Der Gedanke, daß Menschen sich wehren können, wenn sie mißbraucht und ausgebeutet werden, berührt jeden. Das Anliegen der Benachteiligten betrifft uns alle.«

Achtes Kapitel

Tig Produktion Co.
und
›Eine gefährliche Affäre – Revenge‹

Im Sommer 1989 gründete Kevin Costner mit Jim Wilson eine eigene Produktionsfirma, die Tig Production Company, nach dem Spitznamen von Costners Großmutter benannt. 1990 unterzeichnete die Tig Production einen Exklusiv-Vertrag mit Orion Pictures.

Die Verhandlungsbedingungen sahen ein langfristiges Arrangement vor, bei dem Costner als Produzent und/oder Schauspieler eine Reihe von größeren Filmen über seine Tig Production für das Studio drehen würde.

Costner war über den Abschluß begeistert, weil er bei den Orion-Verantwortlichen ein hohes Maß an künstlerischer Sensibilität voraussetzen konnte. Er erklärte damals: »Ich habe Orion zu meinem kreativen Zentrum gemacht auf Grund meiner überaus befriedigenden Erfahrungen bei ›Es gibt kein Zurück‹ und ›Annies Männer‹.« Er unterstrich auch, daß Orion seinen Filmemachern weitgehend freie Hand ließ und lobte ›die geschickte Marketing- und Vertriebsstrategie‹. Sämtliche Filme werden unter dem Namen Tig produziert und international von Orion vertrieben.

Costner und Wilson konsolidierten ihre neue Verbindung mit Schriftstellern, Regisseuren und Schauspielern und setzten sich das stolze Ziel von zwei Filmproduktionen pro Jahr. Costner reiht sich in Orions Garde berühmter Schauspieler ein, wie Woody Allen, Jonathan Demme, Dennis Hopper und Dennis Quaid. Eric Pleskow, Präsident von Orion, sagte: »Orions Erfolg beruht auf langjährigen Kontakten mit außergewöhnlichen Personen. Kevin ist nicht nur einer der besten und beliebtesten Filmstars unserer Zeit, sondern auch ein Mann mit großem kreativen Einblick in alle Bereiche der Filmherstellung.«

Nach dem Erfolg von ›Der mit dem Wolf tanzt‹ flatterten der Tig Production Drehbücher wie Dollars ins Haus. Costner hatte nun die Carte blanche bei jedem Studio der Stadt. Dazu Michael Blake: »Auch wenn Sie es nicht glauben, er und Jim Wilson sind das Superteam im heutigen Filmgeschäft.« Eric Pleskow fügt hinzu: »Kevin kann jederzeit für Orion arbeiten.« Larry Gordon, Produzent und ehemaliger Studioleiter sagt es deutlicher: »Kevin Costner ist einer dieser wunderbaren Menschen, bei denen man nur hoffen kann, daß sie sich niemals ändern mögen. Er kann jeden Film machen, ich werde dabeisein.« Die ersten beiden Filme, die Tig Production in Angriff nahm, waren ›Mick‹ und ›American Hero‹. In dem Film ›Mick‹ wird das Leben des irischen Revolutionärs Michael Collins beschrieben. Costner wird voraussichtlich die Hauptrolle übernehmen. Das Drehbuch schrieben Eoghan Harris und Robert Dillion. Tom Johnston ist als ausführender Produzent vorgesehen. Orion wird den Film finanzieren und weltweit vertreiben.

Die Produzenten sind sich darüber im klaren, daß der Film, der Anfang dieses Jahrhunderts spielt, nicht billig sein wird. ›Mick‹ existiert als Projekt schon länger. 1987 sollte das Drehbuch von Michael Camino verfilmt und von Nelson Entertainment für achtzehn Millionen Dollar produziert werden. Columbia sollte den Verleih übernehmen. Camino kam bis ins Stadium der Vorproduktion – die Außenaufnahmen waren für 1. Juli 1987 angesetzt, aber dann wurde das Projekt zu den Akten gelegt. Die Rechte, vormals bei Columbia, landeten bei Orion. Wilson sagt: »Der Film ist ein breitangelegtes Epos, eine Liebesgeschichte.« Der Film handelt von dem Osteraufstand 1916 in Irland und den nachfolgenden Kämpfen für einen irischen

Freistaat. Im Mittelpunkt steht das Leben Collins', dem legendären irischen Helden, der später ermordet wurde.

In ›American Hero‹ soll Kevin Costner ebenfalls als zugkräftiger Star die Hauptrolle übernehmen. Für dieses Projekt existieren aber sonst keine weiteren Pläne. Costner lacht bei der Vorstellung, daß eine sogenannte ›große‹ Idee ausreichen würde, um einen ›großen‹ Film zu machen. In einer Rede vor unabhängigen Filmemachern in Los Angeles bemerkte er: »Von großen Ideen habe ich genug, ebenso von großen Storys, die auch noch möglichst kompliziert sind. Ein großer Film kommt ohne diese Dinge aus. Harte Arbeit und ein gutes Drehbuch – darauf kommt es an. Wenn man bereit ist, sich selbst nichts vorzumachen, ist einem mehr gedient als mit irgendwelchen Eigenschaften oder Begabungen die man hat – oder nicht hat.«

Auf die Frage, ob man in Hollywood trotz der Übermacht der Studios als selbständiger Produzent existieren könne, antwortet Costner: »Der Kampf des Unabhängigen spielt sich nicht im Studio ab. Ein gutes Script und die Bereitschaft, hart zu arbeiten, setzen sich überall durch. Es ist mehr wie ein Wettkampf, bei dem die Besten eine echte Chance haben. Den Kampf hat man mit sich selbst auszufechten, nur mit sich allein. Es geht hier um die Fähigkeit, Tatsachen richtig einzuschätzen, ihnen ins Auge zu sehen: Wenn du gut bist, dann setzt du dich durch. Dann kann dir keiner etwas anhaben... Das ist das ganze Geheimnis. Ob es insgeheim doch eine Gruppe gibt, die die unabhängigen Produzenten unterdrückt? – Nein, so eine Gruppe existiert nicht.«

Costner sollte es wissen, nachdem sein Co-Produzent Jim Wilson mit ihrer unabhängigen Produktion von ›Der mit dem Wolf tanzt‹ ins Ausland gehen mußte, um Geldgeber aufzutreiben – wie wir wissen, mit Erfolg. So entstand die beispiellose Erfolgsstory eines unabhängigen Produzenten, der die traditionsgläubigen Hollywood-Studios eines Besseren belehrte.

»Mein Problem ist: Wo bekomme ich einen guten Stoff

her?« sagt Costner. »Wo gibt es gute Drehbücher? Fragen, die heute in unserer Branche zur Routine geworden sind. Aber eins wird sich nicht ändern: Die Faszination des Lesens. Man sitzt abends allein da, nimmt ein Drehbuch zur Hand und arbeitet sich durch die ersten fünfzig Seiten hindurch. Dann blättert man die Seiten immer schneller um, möchte sie am liebsten überfliegen, in der Hoffnung, daß die letzten Seiten genauso gut sind, wie die ersten neunzig.«

Leider sind gute Drehbücher heutzutage Mangelware. Die Autoren scheinen sich mit unglaubwürdigen, zusammenhangslosen, schwerverständlichen Plots zufriedenzugeben.

Auf die Frage, wie er sich zu seinen Schauspielerkollegen stelle, antwortet Costner: »Wenn es nach mir ginge, würde ich am liebsten in einem Ensemble spielen. Ich suche die Filmstoffe für Tig nicht wegen der Hauptrollen aus. Wenn ich Hauptrollen spiele, dann können Sie das auslegen, wie Sie wollen. Jedenfalls bin ich nicht darauf erpicht, denn es ist nicht einfach. Man bekommt den ganzen Dampf ab. Aber ich habe Leinwanderfahrung, ich kann mich in die von mir verkörperten Charaktere hineinfühlen; ich kenne meine Aufgabe als Hauptdarsteller und weiß, was die anderen von mir erwarten.«

In einem Interview wurde Costner gefragt, nach welchen Kriterien er die Stoffe für Tig aussuche und welchen Stellenwert dabei die Hauptrolle hätte. Costner erklärte: »Wichtig bei dem Hauptdarsteller ist, daß man ihn sympathisch findet. Daß man ihn lange ansehen kann. Er darf nichts an sich reißen, niemanden ›an die Wand spielen‹. Er unterstützt die Darsteller der Nebenrollen. Ich bin ein guter Hauptdarsteller, weil ich keine Unterstützung brauche.« Manchmal scheint Costner voller Widersprüche zu sein.

Bei Orion Pictures schien alles wie am Schnürchen zu laufen, soweit es Kevin Costner anbetraf. Studio und Star respektierten einander. Costner und sein Partner Wilson hatten ihren Exklusiv-Vertrag und standen bereits in den Startlöchern, um die beiden erwähnten Filme zu produzieren.

Costner sollte die Hauptrolle übernehmen, nachdem ›No Way Out‹ und ›Annies Männer‹ Riesenerfolge für das Studio waren. Das Glück blieb Orion weiter treu, als ›Der mit dem Wolf tanzt‹ Costner zu einem der erfolgreichsten und berühmtesten Filmschaffenden machte – ganz zu schweigen davon, daß ihm die Türen zu sämtlichen Finanziers offenstanden. Dann platzte die Bombe.

Im März 1991 hielt sich Kevin Costner öfter in den Büroräumen von Warner Brothers auf, die man ihm während seiner letzten drei Filme (›Robin Hood‹, ›JFK‹ und ›The Bodyguard‹) zur Verfügung gestellt hatte. Gerüchte kursierten, die Partner Costner und Wilson würden die finanzschwache Orion verlassen und in das Lager von Warner Brothers überwechseln. Zu dieser Behauptung äußerte sich damals keiner von beiden. Für Warner Brothers wäre es jedenfalls ein Segen gewesen, da es ihnen an guten Schauspielertalenten fehlte. (Costners ›Fandango‹ und ›American Flyers – die Sieger‹ wurden bei Warner Brothers gedreht.)

Die Orion-Verantwortlichen waren insgeheim wütend, ließen aber nichts an die Öffentlichkeit dringen. Wie konnte Costner sie jetzt verlassen, wo sie ihn so dringend brauchten, besonders, nachdem sie ihm die Chance gegeben hatten, die beiden Baseball-Filme zu drehen, die seinerzeit jedes Hollywoodstudio auf Grund des Themas ablehnte?

Ein Artikel in ›Variety‹ vom 20. Mai bestätigte, daß die Partner Kevin Costner und Jim Wilson ihre Produktion auf das Warner Brothers-Gelände verlegt hatten. Die neue Regelung erlaubte Costner, für das Studio als Regisseur, Produzent und Darsteller tätig zu sein. Während Orion an den Kinokassen mit ›Der mit dem Wolf tanzt‹ (der Film spielte in 185 Tagen über 168 Millionen Dollar ein) und ›The Silence Of The Lambs‹ (›Das Schweigen der Lämmer‹) Rekorde erzielte, mußte es ›The Addams Family‹ an Paramount verkaufen, um liquide zu bleiben. Costner kehrte Orion unter anderem deshalb den Rücken, weil er von seinen Gewinnen aus ›Der mit dem Wolf tanzt‹ nichts zu sehen bekam. Orion litt an ständiger Geldknappheit und stand kurz vor dem Bankrott.

Costner soll sich begeistert über die neue Allianz mit Warner Brothers geäußert haben, unterstrich aber, daß sein Vertrag mit Orion den Vertrieb seiner sämtlichen Filme beinhalte, seine Tätigkeit als Schauspieler aber ausschließe. Diese Tatsache legte man Costner als mangelnde Loyalität gegenüber Orion Pictures aus und sah darin eine Bestätigung seines Ausspruchs: »Das Leben droht uns alle zu fressen. Entweder du versuchst, das Leben zu fressen, oder du wirst selbst gefressen.« Obwohl er eher jungenhaft und naiv wirkt und sich mehr wie ein existenzialistischer Salon-Darwinist als ein Baptist ausnimmt, ist er ein harter Geschäftsmann.

Orion Pictures stand zwar dumm da, als Costner das Schiff verließ, besaß aber die Rechte an lukrativen Costner Filmen, wie ›Mick‹ und ›American Hero‹. Tig Production hatte bereits ›China Moon‹ mit Ed Harris in der Hauptrolle hergestellt. Wilson erklärte, daß ›sämtliche Projekte, die mit Orion in Angriff genommen wurden, auch von Orion vertrieben werden‹. Das beste Heilmittel für Orions angeschlagenes Ego war aber immer noch der gigantische Erfolg von ›Der mit dem Wolf tanzt‹ und die damit verbundene weltweite Anerkennung.

Die Entstehungsgeschichte zu Kevin Costners 1989 gedrehtem Film ›Eine gefährliche Affäre‹ – ›Revenge‹ sollte hier auch ihren Platz finden. Costner war weder mit dem Produktionsablauf noch mit dem Drehbuch zufrieden. Seiner Enttäuschung machte er in der für ihn typischen Offenheit Luft. Es sei ein einziger Kampf und Nervenkrieg gewesen, als er versuchte, einen qualitativ guten Stoff auf die Leinwand zu bringen, wobei auch noch auf die Studio-Verantwortlichen Rücksicht genommen werden mußte.

›Revenge‹ war als sogenannter ›Gegen-Film‹ etwas Besonderes. Für Costner-Fans insofern interessant, als hier die negative Seite seines Leinwandimages gezeigt wird. Es ist die erste Filmrolle, in der Costner einen Bösen spielt, der einem anderen Mann die Frau wegnimmt. Dieser andere Mann, dem er, Cochran, die Hörner aufsetzt, wird von Anthony Quinn gespielt, die untreue Ehefrau von Madeleine Stowe. Costner zu diesem Film: »›Revenge‹ ist ein Film, der eine gewisse Gratwanderung durchmacht. Werden die Zuschauer wirklich zufrieden sein? Ich bin mir nicht sicher, denn dieser Film wird zur Tragödie. Er nimmt kein glückliches Ende. Vielleicht mag das Publikum nicht einmal die Figur, die ich spiele.«

Abgesehen von seinen Liebesszenen mit Madeleine Stowe, war es auch so: Der Film spielte nicht einmal die Herstellungskosten ein. Costner ahnte, daß dieser Film schwer mit seinem Image zu vereinbaren wäre, und erklärte, warum er dieses Risiko trotzdem einging: »Ich weiß, die Leute im Zuschauerraum werden sagen: ›Cochran, oh, nein, Mann, tu's nicht!‹ So wünscht man sich die Zuschauer während eines Films. Man bleibt, sieht zu und sagt dann: ›Oh, nein.‹ Es ist ja nur Film, und da passieren solche Geschichten.« Trotzdem blieb der erwartete Run auf den Film aus. Das Publikum liebt seine Helden nun einmal nicht als Liebhaber verheirateter Frauen.

›Revenge‹ hatte in Hollywood bereits eine lange Vorgeschichte hinter sich, bevor Costner sich mit dem Projekt befaßte. Der frisch engagierte Studiochef von Columbia, David Puttnam, schickte dem mächtigen Produzenten Ray Starke ein Memo, daß er von diesem Projekt nicht gerade begeistert wäre. Nach einigem Hin und Her gab Puttnam klein bei. Costner hoffte, Stark würde seine Option nach diesem Gerangel fallenlassen, so daß er die Rechte billig erwerben könnte. Stark aber wollte ›Revenge‹ genausowenig freigeben, wie Anthony Quinn seine Frau in diesem Film. Tony Scott, Regisseur von ›Top Gun‹ und ›Beverly Hills Cop‹ wollte bei diesem Film ebenfalls die Regie übernehmen. Die drei Männer trafen sich in Starks Büro.

Costner war mit Scott als Regisseur einverstanden und

meinte damals: »Aber trotzdem sollte man die Möglichkeit offenlassen, alles in Frage zu stellen.« Stark und Scott sollten erst viel später die volle Bedeutung dieser Bemerkung begreifen. Stark und Scott waren begeistert, und Costner erinnert sich: »Alle waren wirklich glücklich und hätten es am liebsten mit Champagner begossen.« Costner war aber weit davon entfernt, mit ihnen zu feiern.

»Ich sagte: ›Wir haben noch ein Scheißproblem vor uns, Jungs. Ihr seid zu langsam. Wenn wir uns nicht beeilen, muß ich *Feld der Träume* zuerst machen.‹«

›Revenge‹ liegt eine Kurzgeschichte von Jim Harrison zugrunde, die eine fatale Episode aus dem Leben eines Air Force-Piloten erzählt, der sich vorzeitig pensionieren läßt. Er folgt einer Einladung seines Freundes Mendez nach Mexiko und verliebt sich in dessen junge Frau Miryea, die sich sehnlichst ein Kind wünscht.

Der alternde Millionär Mendez erfährt von ihrer Untreue, zerschlägt ihr das Gesicht und schiebt sie, nachdem er sie unter Drogen gesetzt hat, in ein Bordell ab. Cochran ergeht es in der Zwischenzeit etwas besser, bis auch ihn die Rache ereilt und er brutal zusammengeschlagen wird. Wie Regisseur Scott sagt: »Wenn es einen Bösewicht gibt, dann die Liebe.« Vielleicht ein Grund, warum sich nur so wenige diesen Film ansehen wollten. Wer möchte schon Geld für die Erfahrung ausgeben, daß auch die Liebe ihre bösen Seiten hat?

Die Figur des Air Force-Piloten Cochran hätte die Züge eines Othello, dessen Liebe ihn ins Unglück stürzt, meint der Hauptdarsteller. »Er ist ein Typ, den andere Männer mögen und schätzen. Er ist nicht der primitive Draufgänger, der eine schöne Frau sieht und sie haben möchte.«

Wir kennen Costners Vorliebe für Drehbuchänderungen, und auch bei diesem Film machte er keine Ausnahme. Die mehrmals vorgenommenen Überarbeitungen konnten seine Meinung über die Qualität des Drehbuchs nicht ändern. Costner meint dazu: »Ich habe festgestellt, daß ein Drehbuchautor viel Geld bekommt, wenn er bereit ist, alles umzuschreiben. Und so werden große Momente weggeschmissen, zum Schaden des Films. Ich beschwerte mich beim Studio: ›Das ist das schlechteste Drehbuch, mit dem ich je zu tun hatte.‹ Ich konnte diese Scheiße nicht ausstehen, also holte ich mir meinen Freund Michael Blake, und in 21 Tagen hatten wir zwischen den Aufnahmen und bei der Heimfahrt im Wagen ein neues Script geschrieben.«

Die Costner-Blake-Version wurde nicht benutzt. Dazu Costner: »Ich wäre mit unserem Drehbuch zu ›Revenge‹ besser zurechtgekommen. Ein so heikler Film verträgt keine Fehler.« Scott hatte gegen Costners Änderungsvorschläge generell nichts einzuwenden, da er sie für begründet hielt.

Scott sagt: »Regisseure nehmen es einem Schauspieler immer übel, wenn er etwas ändern möchte – besonders zwei Wochen vor Drehbeginn. Aber Kevins Änderungswünsche waren immer berechtigt.«

In dieser Zeit handelte sich Costner den Ruf ein, Hollywoods neuer Orson Welles zu sein. Liz Smith, eine bekannte Kolumnistin, schrieb, daß Costner nicht nur Ähnlichkeit mit Orson Welles hätte, sondern auch mit Chaplin, Streisand und Hoffman. Nach der Fertigstellung von ›Revenge‹ schrieb sie in ihrer Spalte: »Es gab immer schon Schauspieler, die bei ihren Filmen auf einem künstlerischen Mitspracherecht bestanden – aus dem Stegreif fallen mir da Charlie Chaplin, Orson Welles, Robert Redford, Barbra Streisand ein. Und Dustin Hoffman ist ebenfalls dafür bekannt, daß er Drehbücher umschreiben ließ und bis ins Detail auf Perfektion bestand. Kevin Costner befindet sich also in bester Gesellschaft.«

Das Drehbuch hat seinen Hauptdarsteller nicht zufriedengestellt. Wie in Pirandellos Stück ›Sechs Personen suchen einen Autor‹, hätten, wie Costner zugab, mehrere Autoren an dem Drehbuch gearbeitet.

»Die Story war so reich und dicht, daß jeder Autor in der Lage sein müßte, etwas daraus zu machen«, erklärte Costner. »Als es umgeschrieben wurde, entfernte es sich immer mehr von dem eigentlichen Buch. Rückblickend kann ich nur sagen, ich habe versucht, dem Drehbuch wieder das zurückzugeben, was mich und andere an diesem Buch so fasziniert hatte.«

Costner war verärgert darüber, daß der Film nicht seinen Vorstellungen entsprach. »Leider müssen gute Argumente vor den Einwänden desjenigen weichen, der am längeren Hebel sitzt.« Oder, wie ein weiser Mann einmal sagte: »Bringe einem Schwein nicht das Singen bei. Du vergeudest nur deine Zeit und verärgerst das Schwein.«

So konnte er zum Beispiel keinen Einfluß darauf nehmen, daß eine Szene, die er für besonders wichtig hielt, geschnitten wurde. »Da gibt es eine Szene – in der ich übrigens nicht vorkomme –, die mir sehr fehlt. Die Ehefrau sagt zu Quinn, daß sie sich ein Baby von ihm wünsche, was ihn völlig kalt läßt. Das lateinamerikanische Machogebaren einer Frau gegenüber hätte mit dieser Szene dokumentiert werden müssen – das wäre mir wichtig gewesen.« So wurde auch eine Szene mit ihm, die er besonders mochte, geschnitten. Er schnaubte vor Wut. Jedenfalls nahm er es nicht mehr so gelassen hin, wie damals in Lawrence Kasdans Film ›The Big Chill‹ (›Der große Frust‹).

Obwohl die Produktion des Filmes, soweit es ihn betraf, nur äußerst mühsam und unter großen Schwierigkeiten ablief, bewies Costner, aus welchem Holz er war. Er ließ unter Kollegen und Crew keine Mißstimmung aufkommen, war aufmerksam und rücksichtsvoll. Bei seinen Dreharbeiten in Cuernavaca, Mexiko, traf er mit der Filmbeauftragten der mexikanischen Regierung, Luciana Cabarga, zusammen, die seine Großzügigkeit, seinen Charme und seinen gesunden Menschenverstand lobte. »Die Mitarbeiter sprechen alle noch gern von ihm... sie haben seine Großzügigkeit und Zuvorkommenheit nicht vergessen... besonders die Frauen. Er achtete darauf, daß die Arbeitszeiten eingehalten wurden, und bezahlte gut.«

Ein weiteres Beispiel, und bestimmt nicht das letzte, für seine Großzügigkeit: Die Kommilitonen seiner Studentenvereinigung Delta Chi an der California State University in Fullerton überraschte er mit einem Benefizabend. Für 50 Dollar pro Kopf konnte man bei einem Dinner ›No Way Out‹ sehen und sich mit dem Star unterhalten. Dieser Abend brachte Delta Chi über 12000 Dollar ein.

Hervorzuheben wäre, daß ›Revenge‹ Costner die Möglichkeit gab, mit einem Schauspieler zusammenzuarbeiten, den er über alle Maßen schätzte – dem legendären Anthony Quinn. Quinn war ebenfalls sehr von dem jungen Star angetan, der ihn an Gary Cooper erinnerte. Wie Quinn sagte: »Ich mag diesen Jungen wirklich. Er erinnert mich an meinen Freund Gary Cooper. Coop suchte immer nach einer Ecke, in die er spucken konnte, und Kevin macht es auch so.«

Quinn sagte scherzhaft über seine Rolle: »Ich bin sehr froh, daß ich in diesem Film mitspiele, denn es ist wahrscheinlich mein letzter Film, in dem ich eine so junge Ehefrau habe.« Die Außenaufnahmen von ›Revenge‹ brachten Quinn wieder in seine alte Heimat zurück. Er kam in Chihuahua während der mexikanischen Revolution auf die Welt.

Costner bemerkt, daß Quinns Figur des Tiburon – oder Tibey – wesentlich zur Atmosphäre des Films beigetragen hätte: »Dieser Film brauchte Anthony Quinn mehr als mich. Ich meine, es gibt bestimmt fünf oder sechs Jungen, die Cochrans Rolle spielen könnten, aber wer sonst könnte die Rolle des Tibey spielen? Die Figur des Tiburon muß echten Charme ausstrahlen, den Anthony hat. Tiburons Gefährlichkeit muß durchschimmern. Und er muß Präsenz haben. Anthony ist präsent, denn sein Leben lang hat er Hauptrollen gespielt. Und er muß so alt sein. Das Alter ist der Schlüssel, also, eine perfekte Rolle für ihn.«

Quinn sagt, daß er sich mit der Figur des Tiburon identifizieren könne, daß sie ihm vertraut wäre. »Ich glaube, der Mann stammt aus einer anderen Zeit und seine Werte stammen aus einer anderen Zeit. Er hat die Mentalität eines Landmenschen von damals, die ich auch habe. Sexuelle Freiheit halte ich für großen Blödsinn. Ich meine, wo bleibt die Moral, wo bleibt die Ehre? Tiburon hat aus seinem moralischen Empfinden heraus gehandelt. Darum habe ich diesen Film gemacht. Deswegen, und weil es hier um eine klassische, altmodische Story geht, in die auch John Wayne oder Gary Cooper gepaßt hätten.«

Quinn, der während der Dreharbeiten 75 wurde, sagte, er hätte zuerst befürchtet, das Publikum würde ihm diese Rolle nicht abnehmen. »Ich hatte meine Bedenken«, räumte er ein. »Jeder weiß, wie alt ich bin, und ich wußte nicht, ob die Zuschauer es akzeptieren, daß ich eine so junge Frau hatte. Ich fand, ich hätte fünfzehn, vielleicht zwanzig Jahre jünger sein müssen. Aber ich bin noch sehr gut in Form. Ich spiele jeden Tag ein, zwei Stunden Tennis. Ich gehe viel spazieren. Turne jeden Morgen. Und ich schwimme sehr viel. Und da sich die jungen Mädchen nach mir umdrehen, dachte ich: Ach was, zum Teufel!«

Der Schauspielerveteran erklärte weiter, die Untreue seines Freundes habe Tiburon das Herz gebrochen, und nicht die Untreue seiner Frau. »Cochran weiß nicht, daß ich ihn aus dem Grund liebe, weil er mein Sohn-Ersatz ist. Manchmal lieben wir Männer im Alter einen jungen Mann, weil wir Eigenschaften in ihm sehen, die wir hatten oder zu haben gehofft hatten. Für Tiburon ist es sehr schmerzlich, seine Frau zu verlieren, aber der Verlust des Freundes bricht ihm das Herz.«

Quinn meinte außerdem, daß die Figur des Tiburon der modernen Frau von heute roh und gefühllos vorkommen müsse und daß sie sein Machogebaren ablehnen würde: »Mir ist klar, daß viele amerikanische Frauen mein Verhalten nicht verstehen werden, daß es ihnen verdammt verdreht vorkommt. Sie werden sagen: ›Also, dieser furchtbare Mann, zerschlitzt seiner Frau das Gesicht und bringt dann noch um ein Haar seinen Freund um.‹ Ich sage, der Mann kann nicht anders; er wurde mit dieser Moral groß. Schließlich kann ein

Jagdhund nichts dafür, wenn er beißt.« Ein Jagdhund mag vielleicht nichts dafür können, aber ein Mensch, der seinen Mitmenschen nicht schaden will, kann etwas dafür. Wie Katherine Hepburn in ›African Queen‹ zu Humphrey Bogart sagt: »Wir sind hier auf dieser Welt, Mr. Allnut, um uns über die Natur zu erheben.«

Regisseur Tony Scott brachte eine andere Interpretation und sagte, daß ›Revenge‹ doch sehr ein Film für Frauen wäre, besonders in der ersten Hälfte: »Eine starke, packende Story über eine verbotene Liebe. Frauen träumen davon, daß einer kommt und sie mit sich reißt:« Und er fügte hinzu: »Man kann die Energie riechen, man kann die Schwingungen zwischen den beiden riechen.«

Trotz aller Schwierigkeiten scheint Costner der Film ans Herz gewachsen zu sein. Er hat kein Geld eingespielt, und die Produktion hatte ihm viel Kummer gemacht, aber wenn er darüber spricht, lobt er die kameradschaftliche Atmosphäre bei den Dreharbeiten.

»Ich mußte meine Zugkraft als Kassenmagnet einsetzen, um den Film in Gang zu bringen«, sagte er. »Für mich war es, als ob ich ein Football-Team aussuche. Die Story hat Sinn, und es lag auf der Hand, daß ich als Quarterback spiele. Ich meine, Cochran ist die Rolle, die ich spielen mußte.«

›EINE GEFÄHRLICHE AFFÄRE – REVENGE‹
im Spiegel der Filmkritik

Aus: ›Newsweek‹ (David Ansen)
›Der Plot ist klipp und klar wie der Titel. Gutaussehender Ex-Pilot (Kevin Costner) verliebt sich in die wunderschöne Frau seines Freundes, eines rücksichtslosen, mächtigen, alternden mexikanischen Millionäres (Anthony Quinn). Millionär entdeckt Untreue und nimmt Rache. Pilot wird zu Brei geschlagen, ist halbtot. Frau wird Gesicht zerschlagen, dann in Bordell geschleppt und heroinsüchtig gemacht. Pilot er-

holt sich, macht sich auf die Suche nach ihr. Viel Blut fließt . . .
Costner liefert eine charismatische schauspielerische Leistung ab, taucht aber nie ganz in den Charakter ein.‹

Aus: ›People‹
›Costner und Madeleine Stowe betatschen einander mit
überzeugender Leidenschaftlichkeit, auch wenn es eine
Pflichtübung ist, die sie als Hommage an die auf Sex fixierten
Drehbuchautoren absolvieren müssen. Wenn Costner, ohne
daß viel passiert, herumspaziert, werden Sie langsam merken, daß viele Szenen ohne ersichtlichen Grund verschwim-
men. Und Ihnen wird auffallen, daß die Autoren Jim Harrison und Jeffrey Fiskin, die aus Harrisons Kurzgeschichte ein
Drehbuch machten, den Schauspielern geschraubte Worte in
den Mund legen, wie: ‚Ich sehe keinen Sinn darin, ein Schoß-
hund für einen mexikanischen Bonzen zu sein.‘‹

Aus: ›New York‹
›Tony Scottes ‚REVENGE‘ spielt in Mexiko, ‚Black Rain‘, der
Film seines Bruders Ridley Scott, in Japan. Eine Szene nach
der anderen verfällt der künstlichen, passiven, schwülstigen
Stimmung der Werbefotografie . . . Wie Ridley Scott und
Adrian Lyne, gehört Tony Scott zu den ehemaligen engli-
schen Werbefilmern, die die amerikanische Filmästhetik in
den letzten zehn Jahren praktisch verdorben haben. Ihre
Filme werden im Stil der Werbeaufnahmen für Damenunter-
wäsche gedreht. Die Technik ihrer verschwommenen ‚Stim-
mungsmalerei‘ hat nichts mit Dramaturgie zu tun. Was zum
Beispiel ist an Spitzenwäsche dramaturgisch wertvoll?
‚REVENGE‘ mag eine gewisse Erotik und Gewalt zur Schau
stellen, ist aber auch tödlich langweilig. Die eigentliche
Schuld liegt bei Tony Scott . . . Die Bilder sind überbelichtet,
überschneiden sich, und doch, o Wunder, gelingt es manchen Schauspielern, sichtbar zu werden – oder zumindest
Teile von ihnen. Sehr beeindruckt hat mich Costners betrete-
nes Lächeln.‹

›JFK‹ *Interfoto*

›JFK‹ *Bildarchiv Engelmeier*

›JFK‹ *Bildarchiv Engelmeier*

TEIL III

Der Mensch Kevin Costner und seine Zukunft

Neuntes Kapitel

Der Familienvater

Ein berühmter Familienvater hat es nicht einfach, weil er versuchen muß, Familie und Karriere voneinander zu trennen. Neben seinem ausgefüllten und anspruchsvollen Beruf möchte er auch noch Zeit haben, sich mit dem Wichtigsten in seinem Leben zu beschäftigen – seiner Ehefrau und seinen Kindern.

Costner, der seinem Vater eine wunderbare Kindheit zu verdanken hat, wünscht sich das auch für seine Kinder – trotz Hollywood. Die Costners haben drei Kinder: Annie, Lilly und Joe.

»Cindy und ich sprechen oft über die Erziehung unserer Kinder. Ich möchte, daß sie gerne bei ihrer Familie sind und gerne etwas mit uns unternehmen, wie ich mit meinem Vater – wir gingen auf Jagd, haben geangelt. Ich lasse die Kinder mit Cindy zu den Drehorten nachkommen. Ich versuche, so oft es geht, sie bei mir zu haben. Ich denke immer: ›Was ist, wenn ich nicht da bin? Und was ist, wenn ich in der nächsten Maschine nach London sitze und sie nicht ankommt?‹ Ich möchte, daß sie einen Dad haben, an den sie sich erinnern. Und was ist, wenn ich nicht zu Hause bin, um sie zu schimpfen, weil sie sich verspätet haben? Oder wenn ich nach der Arbeit nicht nach Hause komme, um mit ihnen gemeinsam zu Abend zu essen, so wie es mein Vater immer tat? Ich möchte ihnen ein Vater sein. Das ist das Allerwichtigste«, sagt er.

Costner betrachtet seine Kinder als sein kostbarstes Gut und möchte so viel Zeit wie möglich in ihrer Nähe verbringen.

»Ich bin nicht ein Leben lang für sie verantwortlich, aber ich muß jetzt für sie dasein«, sagte er. »Um ihnen zu sagen, wann sie mir Freude machen und warum. Es ist mir wichtig, was aus ihnen wird. Das möchte ich gerne erleben, wenigstens bis sie achtzehn sind. So lange möchte ich wenigstens bei ihnen gewesen sein.«

Es ist schwierig, wenn man wie eine normale Familie zu leben versucht, trotz Star-Ruhm und dem unvermeidbaren Rummel. Die Costners wissen das und tun ihr Bestes, wie Kevin sagt: »Man wird auf Schritt und Tritt von der Presse verfolgt, und davor versuche ich meine Familie zu schützen.« Er fügt hinzu: »Cindy und ich sind weiß Gott nicht perfekt. Und wir führen auch keine perfekte Ehe, aber wir bemühen uns. Die Leute sind überrascht, daß unsere Ehe hält. Sie scheinen sich das Gegenteil zu wünschen. Weil du ein Star bist, kann deine Ehe nicht funktionieren. Ich möchte nicht als Mann Schlagzeilen machen, der einem anderen die Frau weggenommen hat. Ich möchte wie mein Vater abends zu Hause bei meinen Kindern sein.«

Dieser Wunsch dürfte wohl etwas zu hochgesteckt sein, denn Costners Vater konnte nach der Arbeit immer nach Hause kommen und die Wochenenden mit seiner Familie verbringen.

Costner beklagt sich darüber, daß die Leute damit rechnen, daß er als Vater versagt, nur weil er eine Berühmtheit und öffentliche Person ist. »Warum erwarten die Leute, daß ein Filmstar versagt?« fragt er sich. »Sie erwarten, daß man für sein Glück bezahlt – daß die Ehe zerbricht oder daß einen Drogen oder sonst was kaputt machen. Dann wird es heißen, Kevin hatte zu früh zuviel Erfolg, und jetzt muß er eben dafür bezahlen.«

Schwierig für die Ehe erwiesen sich seine heißen Liebesszenen und sein Status als Sexsymbol. Seine Frau konnte das nicht so leicht hinnehmen und bemühte sich, gegen die Verunsicherungen, Enttäuschungen und Ängste anzukämpfen, die im Umfeld ihres Mannes entstanden. Cindy sagt, daß sie ständig an sich arbeite, um diesem Druck gewachsen zu sein.

»Es ist nicht einfach für sie«, gibt Costner zu. »Wenn Cindy und ich die Rollen tauschten... ich glaube nicht, daß ich damit fertig würde. Und auf mich richtet sich die ganze Aufmerksamkeit. Sei es Bewunderung, sei es Kritik, alles konzentriert sich auf mich. Cindy muß unglaublich stark sein, um mit all dem fertig zu werden. Ich möchte, daß meine Familie so normal wie möglich lebt. Meine Kinder sollen nicht meinen, sie wären meinetwegen etwas Besonderes.«

Sexszenen sind für die Beteiligten meistens schwierig, wie Costner erklärt: »Das Problem ist, daß Cindy nicht weiß, was sie erwartet, bis sie es auf der Leinwand sieht. Ich erkläre meiner Frau das ›Wie‹ und ›Warum‹ nicht, weil ich selber nicht immer weiß, was ich in dieser oder jener Situation tun werde. Im Bett mit Susan Sarandon – in ›Annies Männer‹ – kam mir zum Beispiel der Einfall, ihr die Zehennägel zu lakkieren.«

Das Gleichgewicht zwischen Karriere und Familie wird nicht nur durch Costners Star-Ruhm sondern auch durch den damit verbundenen Lebensstil gestört.

»Der Schatten, den ich werfe, macht mir Sorgen«, erklärte er. »Meine Kinder reisen erster Klasse. Meine Kinder fahren in einer Limousine. Ich bin erst mit achtundzwanzig in einer Limousine gefahren. Und als der nagelneue Wagen vor meinem Haus stand, habe ich ein Foto davon gemacht. Manche Dinge werden meine Kinder wohl nie als Privileg betrachten. Das dürfte noch eine Menge Probleme geben. Meine Kinder können sich für etwas Besonderes halten, aber ich möchte auf keinen Fall, daß sie meinen, sie wären auch nur einen Deut besser als die anderen.«

Abgesehen davon, daß seine Kinder einen Star zum Vater haben, räumt Costner ein, daß er ein besserer Vater sein könne, wenn ihn nicht sein größter Feind, die mangelnde Zeit, davon abhalten würde.

Seine Schuldgefühle, nicht der Typ von Vater zu sein wie

sein Dad, beschreibt er so: »Ich weiß, meine Beziehung zu meiner Familie könnte besser sein. Es ist einfach nicht genügend Zeit da für die Menschen, die ich liebe. Ich bin ein guter Vater – wenn ich zu Hause bin. Aber wenn ich unterwegs bin, sind die Wände meines Motelzimmers nicht mit den Fotos meiner Familie tapeziert. Vielleicht stimmt etwas nicht mit mir, aber ich trenne Dinge voneinander, um weiter zu erkunden, wer ich bin. Das sind wirklich Probleme ersten Ranges, die meine Kreativität und mein Familienleben beschneiden. Ich möchte das, was ich jetzt mache, weiter machen, und ich möchte das, was ich habe, nicht verlieren.«

Die Rolle des ›Mr. Mammie‹ ist Kevin Costner bestimmt nicht auf den Leib geschrieben, aber er hat sie ganz gut gespielt, als Cindy wieder ihr Studium aufnahm und er auf sein erstes Kind aufpassen mußte.

»Kurz nach Annies Geburt ging Cindy wieder an die Universität zurück, und ich habe mich in den ersten zwei, drei Monaten um das Baby gekümmert. Annie war einfach. Sie schlief immer von sieben bis sieben durch und hielt noch zwei Nickerchen. Wir wußten nicht, wie großartig sie war, bis Lilly auf die Welt kam. Sie wachte auf, wann es ihr paßte. Aber es waren beides fröhliche Kinder. Einmal nahmen wir Annie ins Studio mit, wo ich gerade drehte. Ein starker Scheinwerfer wurde hinter Annie und Cindy eingeschaltet. Ich war bereits im Kostüm und wollte nicht, daß Annie erschrak. Also rief ich laut: ›Hey, Annie!‹ Da marschierte sie voller Ernst auf mich zu, legte den Finger auf die Lippen und sagte: ›Leise, Dad, die machen hier einen Film‹ «, erinnerte er sich lachend.

Daddy Costner fand es ziemlich mühsam, beruflich voranzukommen und ein Kind großzuziehen. Er gesteht, daß er nicht wüßte, wie alleinerziehende Mütter, die noch berufstätig sind, ihre Aufgaben bewältigen. Er meint: »Es war hart, aber es machte mir Spaß. Ich nahm sie zu meinen Meetings mit. Und manchmal sagte ich: ›Könnt ihr die Mikros etwas leiser stellen? Sonst wacht mein Kind auf.‹ Und wenn Annies

Windel gewechselt werden mußte, wurde eine Pause einge-legt.«

Costner hat in jedem Filmvertrag festlegen lassen, daß sei-ner Frau und den drei Kindern Flugtickets gestellt werden, damit sie ihn jederzeit während der Dreharbeiten besuchen können. »Ich nehme dafür weniger Gage«, gibt er zu, »aber das ist es mir wert.«

Wenn es ihm seine Zeit erlaubt, geht er mit den Kindern jagen und angeln, wie damals sein Vater mit ihm. »Mein Dad war immer für mich und meinen Bruder da, und ich möchte meinen Kindern auch so ein Vater sein – ein Vater, den sie kennen. Vater zu sein, ist das Wichtigste in meinem ganzen Leben«, sagte er überzeugt und fügte hinzu: »Für meine Tochter bin ich der erste Mann, der sie berührt hat. Ich war der erste Mann, der sie im Arm hielt, und von diesem Tag an wird sie mich mit anderen Männern vergleichen.«

Costner sieht die Dinge sehr realistisch und weiß, daß seine Filmverpflichtungen den Vorrang haben. »Ich bringe meine Kinder zwar zur Schule, aber dann habe ich zu arbei-ten.«

Trotz seines Erfolges kann Costner immer noch seine Ein-käufe machen, ohne allzusehr belästigt zu werden. Er muß Lebensmittel einkaufen, Wagen in die Werkstatt fahren, die Kinder chauffieren, wenn Cindy keine Zeit hat. Ein Traum aller Ehefrauen scheint sich erfüllt zu haben, wenn Costner erklärt, daß er gerne beim Aufziehen der Kinder und im Haushalt mithilft.

»Die Leute lassen mich in den Lebensmittelgeschäften noch in Frieden, und das ist auch gut so, denn ich möchte weiterhin einkaufen gehen«, erzählt er. »Sonst müßte ich ja zum Einsiedler werden. Bei drei Kindern kann meine Frau nicht alles erledigen. So helfe ich eben mit.«

»Ich liebe meine Kinder. Ich höre ihnen zu und könnte mich stundenlang mit ihnen unterhalten. Aber ich bin nicht der Typ von Vater, der das Kinderzimmer blau streicht, wenn seine Frau schwanger ist. Mir ist wichtig, wie sie einmal über diese Welt denken werden und wie sie ihren Platz in ihr finden. Was sie *tun*, wird nicht so wichtig sein.«

Auf die Frage, ob er seine Kinder ermuntern würde, in seine Fußstapfen zu treten, bekennt Costner freimütig: »Ich hätte keine Angst, wenn meine Kinder das machen würden, was ich mache, aber ich würde sie auch nicht dazu ermutigen. Viel wichtiger ist mir, wie sie sich menschlich entwikkeln werden.«

Manchmal werden Costner und seine Frau in der Presse als das ideale Ehepaar dargestellt. Costner jedoch ist schnell dabei, diesen Eindruck zu korrigieren: »Das ist falsch interpretiert. Es sagt sich so leicht: Er ist verheiratet. Sie sind das ideale Paar. Sie haben drei Kinder. Im amerikanischen Filmgeschäft ist er ganz oben und verdient einen Haufen Geld. Und sie ist Hausfrau und Mutter. Wie großartig! Wie erbaulich! – So kann man es natürlich auch drehen, aber wir müssen uns, wie jeder andere auch, mit unseren Problemen auseinandersetzen. Ich möchte jetzt nicht länger darauf herumreiten, aber die Ehe ist beileibe keine einfache Einrichtung. Sie ist schwierig und wird durch meinen Beruf noch erschwert. Wenn etwas schiefgehen sollte, dann heißt es bestimmt: ›Das war ja vorauszusehen‹, aber das wird vielleicht nicht der Fall sein. Keiner weiß, was wir persönlich ausfechten, von Tag zu Tag, von Film zu Film, aber wie jeder andere auch, versuchen wir unseren Weg zu finden . . . Und weiter lasse ich mich nicht auf dieses Thema ein.«

Costner wird ärgerlich, wenn man ihn auf seine Beliebtheit bei den Frauen anspricht. Er mag nicht als Frauenheld und Sexsymbol abgestempelt werden: »Die Leute sagen, daß alle Frauen mit mir ins Bett gehen wollen, aber das ist Mist.«

Sehr leicht könnte man in den oberflächlichen Lebensstil einer Filmmetropole wie Hollywood verfallen, aber Costner meint, daß ihm diese ›Szene‹ nie sehr gelegen hätte. »Es ist nicht schwer, den Lebensstil Hollywoods anzunehmen – rauschende Partys, Luxus, Drogen –, aber das bin nicht ich. Und für meine Familie ist es nicht gut. Ich mache gern Jogging, und, was ich für sehr wichtig halte, ich ernähre mich gesund. Ich weiß, ich höre mich wie ein Gesundheitsapostel an. Aber meine Gesundheit und die meiner Familie stehen immer an erster Stelle.«

Über die Ehe seiner Schwester Cindy befragt, antwortet David Silva, Regieassistent bei ›Der mit dem Wolf tanzt‹: »Die Ehe hat ihre Probleme, und ich kann an ihren Augen ablesen, wie die Dinge stehen. Ich weiß, daß es am Anfang nicht leicht war. Aber ich finde, sie ist dem Ganzen gewachsen. Sie ist eine erstaunliche Person. Sie ist wie ein Gummikerl, sie paßt sich jeder Situation an.«

Auch Kevins Bruder meint bewundernd, daß Cindy der ›Kitt‹ in der Ehe wäre: »Sie ist Kevin eine gute Frau, und das ist für sie bestimmt nicht immer einfach. Ihre Gefühle fahren ständig Achterbahn.«

Costner versucht nicht, sich als ›perfekt‹ hinzustellen. Er verabscheut es: »Ich weiß, wer ich bin. Und ich versuche nicht, den guten Kerl vorzutäuschen. Vielleicht *bin* ich ein guter Kerl. Hm? Schon mal darüber nachgedacht?«

Will man den Versuchungen Hollywoods widerstehen, so bewahrt man sich am besten seinen gesunden Menschenverstand. Die Costners haben nicht sofort alles ›weggeschmissen‹ und sich eine große Villa gekauft, kaum daß Kevin den Durchbruch geschafft hatte. Wie er es ausdrückt: »Cindy und ich sind nicht knauserig, aber wir hängen an unseren alten Sachen. Erst vor drei Jahren haben wir das letzte Möbelstück aus unserer Collegezeit ausrangiert. Irgendwie fühlt man sich unsicher, wenn man etwas wegwirft. Wer weiß, vielleicht kann man es eines Tages gebrauchen.«

Diese Einstellung könnte noch aus Costners Jugendzeit stammen, als er den Wert eines Dollars zu schätzen lernte. Außerdem mögen den beiden Costners noch die schweren Anfangsjahre in Erinnerung sein.

Die Costners haben vier Häuser: eine rosafarbene Hazienda in den Bergen oberhalb von Pasadena, eine Wohnung mit vier Schlafzimmern in einem Apartmenthaus in der

High Sierra, die sie für Jagd- und Angelausflüge benutzen, ihr Wohnhaus in La Canada und ein Strandhaus in Santa Barbara.

Für beide ist es nicht leicht, daß Kevin ständig im Scheinwerferlicht steht. »Er hat es gern, wenn er Mittelpunkt ist. Er liebt seine Fans, ob sie nun weiblich oder männlich sind«, sagt ein Freund. »Eine Situation, die für Cindy schwierig, kaum zu meistern ist, und das sagt sie ihm auch. Sie ist eine starke Frau, sie hat ein Recht auf ihre Gefühle. Für beide ein ständiger Anlaß zu Auseinandersetzungen. Aber sie lieben sich, die Ehe ist in sich gefestigt, und wenn sie auseinandergehen sollte, dann müßte sie den ersten Schritt tun.«

Der Freund der Costners, Michael Blake, weiß aus erster Hand, welchen Belastungen die Ehe durch Kevins Karriere ausgesetzt ist. Aber er glaubt an sie, weil sie ihre Liebe und ihre Achtung voreinander bewahrt haben.

»Die Ehe hat manche Stürme überstanden«, sagt Michael Blake. »Allein die Tatsache, daß sie immer noch zusammen sind, sagt doch alles über ihre Beziehung aus. Kevin ist extrem konservativ, er hält an allem fest.«

»Das Attribut Sex-Idol ist schmeichelhaft, macht mich aber zum Ziel der Klatschpresse«, meint der Star. »Ich spielte Liebesszenen in der Badewanne, im Schlafzimmer und auf dem Küchentisch, aber ich habe mich nie wohl dabei gefühlt, wenn ich mein Hemd ausziehen mußte. In einer Szene von ›Der mit dem Wolf tanzt‹ war ich nackt – so stand es im Drehbuch. Damit sollte seine (Lt. Dunbars) Schutzlosigkeit gezeigt werden, aber auch, daß er sich in seiner Einsamkeit ganz wohl fühlt. Ich habe sofort nach den höchsten Grasbüschen Ausschau gehalten, um mich dahinter zu verstecken«, sagt Costner lachend.

In ›No Way Out‹ waren die Liebesszenen mit Sean Young dermaßen leidenschaftlich, daß zu Hause eine Gewitterfront aufzog. Costner hatte das bereits befürchtet, als er es auf dem Rücksitz einer Limousine mit Sean Young treiben mußte. Er sei sehr nervös gewesen, berichtete seine Partnerin.

»Ich glaube, Kevin ist durch und durch puritanisch, oh, ganz gewiß«, sagt Young. »Es war sehr schwierig, diese Szene zu spielen. Ich war exponiert und fühlte mich schutzlos. Ich ziehe mich nur ungern vor der Kamera aus. So habe ich eine Menge Witze erzählt. Ich habe bei der Crew und der Besetzung die Umfrage gestartet, wer schon einmal im Auto gebumst hätte. Ich hatte es jedenfalls noch nie getan. Aber alle anderen, außer mir. Es liegt mir einfach nicht.«

Costner, der schöne Frauen durchaus zu schätzen weiß, bemerkt zu seiner Szene mit Sean Young: »Sie zieht sich aus, und dann kommt der Punkt, wo du hinsehen mußt. In dieser Szene sollten wir einen ungeheuren Hunger aufeinander haben, und Sean verstand das. Aber meine Gefühle waren nicht dabei.«

Man fragt sich, ob Cindy für diesen ›Hunger‹ auf dem Rücksitz Verständnis hat und ob sie es ihm abnimmt, daß seine Gefühle nicht dabei waren. Hoffen wir für die Costners, daß Cindy und Kevin sich noch weitere dreizehn Jahre vertragen.

Zehntes Kapitel

Kevin Costner: der Mensch

Aus dem mittellosen, jungen Schauspieler, der Coke-Flaschen sammelte, um sein Mittagessen zu bezahlen, ist jetzt ein Multimillionär geworden, dessen Preis jedesmal steigt, wenn er nein sagt.

Costner genießt zwar seinen neugewonnenen Reichtum, hat aber seinen Geschmack und seine Vorlieben kaum geändert. Kevin fährt einen Shelby Mustang und einen Bronco statt eines Porsche, Mercedes oder Ferrari, wie sie von weniger bekannten Hollywood-Stars bevorzugt werden.

Ihn zieht es mit seiner Frau und seinen Kindern immer noch in die freie Natur zum Campen hinaus, wie er es oft mit seinen Eltern tat, als sie sich keine anderen Ferien leisten konnten.

Die meisten Schauspieler von Costners Rang schmücken ihre Wände mit einem Matisse oder Picasso, er aber stellt sein Kanu an die Wand, das er eigenhändig gebaut hatte, bevor er aufs College ging.

Costner hält nicht sehr viel von ›förmlichen Tischsitten‹, wie er sich ausdrückt, und meint, er wäre mehr der Typ, ›der die Soße mit dem Brot auftunkt‹.

»Wenn ich zum Essen ausgehe, wird mir ganz flau, weil ich nicht verstehe, was auf der Speisekarte steht. Ich bestelle dann immer das, was mein Tischnachbar bestellt«, sagte er. Er trinkt lieber Faßbier als einen Martini.

Eine Konzession an seinen Reichtum? Vor ein paar Jahren schenkte er seinen Eltern einen roten Silverado zu Weihnachten, damit sie mit diesem Wohnmobil bequem reisen können. Wie er sagte: »Es mußte ein Silverado sein.«

Ist Costner mit seinem jetzigen Leben zufrieden, trotz der Belastung, Mega-Karriere und Familienleben in Einklang zu bringen? »Ja, zum Teufel!« ruft er mit der echten Begeisterung eines Jake (seiner Figur in ›Silverado‹) aus.

»Ich wäre ein Idiot, wenn es nicht so wäre. Das heißt noch lange nicht, daß ich nicht meine Zweifel habe und verunsichert bin. Ich wünschte nur, ich wäre clever. Sie kennen doch die Schauspieler von ›Big Chill‹ (›Der große Frust‹)? Die Jungs waren wirklich smart, wirklich clever. Dagegen bin ich ein Trottel. Nein, wirklich. Aber ich habe ein Stück Boden, an dem ich festhalte, und ich lasse mich nicht einschüchtern.«

An diesem ›Stück Boden‹ hält er unerbittlich wie ein Pitbull-Terrier fest, und das macht es auch für seine Mitarbeiter so schwer, mit ihm auszukommen. Er ist nicht bereit nachzugeben. Er läßt einfach nicht los. Costner räumt aber ein, daß er den Großteil seines Erfolges seinem angeborenen Instinkt und gesunden Menschenverstand verdankt.

Er bedauert sehr, daß er nicht genügend Disziplin besitzt, um mehr für seine Bildung zu tun: »Ich wünschte, ich hätte mehr Disziplin. Ich wünschte, ich hätte mich während meines Studiums mehr um meine Bildung gekümmert und mehr gelesen. Jetzt lese ich, soviel ich kann, und wenn ich dann an all die Bücher denke, die ich nicht mehr lesen kann, bevor ich sterbe, werde ich melancholisch. Und wie ein Kind möchte ich, daß man mich mag, daß ich gefalle. Ich brauche Bestätigung. Wenn dies eine Schwäche ist, dann behalte ich sie gern.«

Dieser Wunsch nach ›Bestätigung‹ mag vielleicht dazu beitragen, daß Costner trotz seines Erfolges noch einigermaßen auf dem Boden geblieben war.

Jetzt, am Gipfel seiner Karriere, scheint Costner allerdings seine früheren Grundsätze und Maßstäbe vergessen zu haben. Es ist nicht das erste Mal, daß ein ›unschuldiger‹ und ›guter‹ Junge den Versuchungen und Anfechtungen des Filmgeschäfts erlegen ist. Wenn Costners Grundsätze wirklich so mit ihm verwachsen wären, wie er es sich wünscht, dann dürfte er privat nicht so viele Probleme haben.

Nehmen wir zum Beispiel den völligen Bruch mit seinem langjährigen Freund und Regisseur Kevin Reynolds. Reynolds hat Costner mit ›Fandango‹ zu seinem beruflichen Start verholfen. Er fuhr zum Drehort von ›Der mit dem Wolf tanzt‹, um Costner bei seiner ersten Regiearbeit moralisch und technisch zu unterstützen. Er nahm sogar selbst einige Szenen auf, die auch auf der Leinwand zu sehen sind.

Aus Freundschaft und Gefälligkeit war Costner bereit, in Reynolds nächsten Film mitzuwirken, der Morgan Creek-Produktion ›Robin Hood‹. Zu diesem Zeitpunkt war Costner bereits ein mit dem Oscar ausgezeichneter Regisseur und Produzent und schien die Grenzen seines Spielraums als Schauspieler nicht einzuhalten.

Ständig hatte er an Reynolds Einstellungen etwas auszusetzen; einmal übernahm er selbst die Kamera und filmte eine Szene. Sie stritten sich fortwährend und waren am Ende der Dreharbeiten zermürbt und ausgelaugt. Jeder schwor sich, nie wieder mit dem anderen zu arbeiten, und bei der Entscheidungsschlacht im Schneideraum stellte sich Costner auf die Seite der Studiobosse – gegen seinen Freund und Regisseur.

Reynolds kommentiert diese Erfahrung kurz und bündig: »Der Druck der Auseinandersetzungen war zermürbend.« Costner erklärte ebenfalls sehr vorsichtig: »Von Geduld war am Set nicht viel zu merken.« Beide sind der Meinung, daß dieser Film künstlerisch nicht zufriedenstellend war – und daß ihre Freundschaft darunter gelitten hat.

Als unnachgiebig und starrsinnig war Costner bereits seit seiner ersten Kleinstrolle in ›Frances‹ bekannt. Sein guter Freund Lawrence Kasdan wußte sich zu helfen und schob seinen Bruder als Puffer dazwischen, um sich vor Costners ständigen Einwänden und Änderungsvorschlägen zu schützen.

Costner hält sich selbst für nicht sehr intelligent und von Natur aus eher schwerfällig: »Um es gleich zu sagen, ich bin nicht gerade sehr schlau«, gesteht er, »nicht dieser logische Denker. Und ich bin nicht sehr gebildet; mein IQ ist gerade ausreichend. Ich habe einen guten Instinkt, mit dem ich die Dinge richtig einschätzen kann, und eine große Liebe zum Film.«

Einen guten Instinkt und die Liebe zum Film besaß fast jeder große Hollywood-Star. Jetzt, als Weltstar, könnte ihm seine mangelnde Intelligenz zu schaffen machen. Ausdauer und Entschlossenheit haben Costner in diese Höhe katapultiert – aber es dürfte schwer sein, diese Position zu halten.

Seine künftigen Entscheidungen und sein Verhalten am Set werden seine Karriere und sein Privatleben beeinflussen. Costner wäre gut beraten, nicht immer darauf zu bestehen, daß alles nach seinem Kopf geht. Sollte er jetzt, an diesem Punkt seiner Laufbahn, persönlich oder beruflich einen falschen Schritt tun, so könnte das irreparable Folgen haben. Nehmen wir zum Beispiel die Sheri Stewart-Affäre. Muß ein Hollywood-Superstar mit drei entzückenden Kindern und einer schönen, liebevollen Frau eine außereheliche Beziehung suchen? Ein Mann muß sich darüber klar sein, daß er sich mit Vierzig nicht mehr wie ein Zwanzigjähriger gebärden kann. Was damals charmant und jungenhaft wirkte, zeugt heute eher von Unverstand und Oberflächlichkeit.

Erstaunlicherweise, und vielleicht auch aus ›mangelnder Intelligenz‹, scheint Costner zu übersehen, daß er sich der Öffentlichkeit und den Medien wie unter einem Mikroskop präsentiert. Unter anderem natürlich ein Grund, der ihm jährlich Millionen Dollar einbringt. Folglich sollte er vorsichtig sein und daran denken, daß er seinen guten Ruf über Nacht verlieren kann, wie Gary Hart und Donald Trump, denen man ihre Untreue übelnahm. Es wäre nicht so schlimm, wenn Costner sich damit nicht direkt gegen das Image stellte, das er in zehn Jahren so mühsam aufgebaut hatte.

Schon viele große Männer haben ihr Leben ruiniert, weil sie die ›schnelle Befriedigung‹ einem ›langfristigen Glück‹ vorzogen. Cindy Costners Geduldsfaden könnte reißen. Vielleicht wird sie nicht länger zusehen, wie ihr Mann ihre dreizehnjährige Ehe aufs Spiel setzt. Gerüchte über eine Affäre mit Sheri Stewart wurden laut, als die ›Village Voice‹ im April 1991 schrieb: »...vielleicht betrügt Costner seine Frau.« Außerdem, so heißt es, seien nach der Geburt des dritten Kindes massive Eheprobleme aufgetreten.

Sheri Stewart enthüllte in den Boulevardblättern intime Einzelheiten ihrer Affäre mit Costner. Sie hätten sich während der Dreharbeiten von ›Robin Hood‹ mehrmals getroffen. Verwunderlich ist, daß die Affäre zu der Zeit stattfand, als Cindy und die Kinder Kevin zum Erntedankfest in London besuchten. Der ›Good Guy‹ aus Hollywood und sein Seitensprung machten Schlagzeilen: »Costner war WOLF in meinem Bett.« – »Costner nimmt sich Geliebte, die aussieht wie Mrs. Costner.«

Der Artikel war schockierend. Er las sich wie eine Liebesszene aus Costners Filmen. Sheri Stewart, 27, sagte, sie hätte Costner in dem Londoner Nightclub Stringfellows kennengelernt. Costner hätte sie gebeten, ihn in sein Hotel zu begleiten. Als er sein Zimmer betrat, hätte er eine Flasche Wein und zwei Gläser dabeigehabt, berichtete sie.

Costner wohnte in einem eleganten Londoner Hotel, aber die angeblich von ihm begehrte Dame meinte: »Das einzige Zimmer, das ich in dieser Nacht gesehen habe, war das Schlafzimmer.«

Er hätte sie sofort ins Schlafzimmer geführt. Sie hätten sich auf das Bett gesetzt und sich eine Weile unterhalten. (Costner sagte ja einmal, er hätte sich in seiner Jugend ›besser mit Nutten unterhalten als mit anderen Mädchen‹. Und ein Boulevardblatt zitiert Costner: »Ich kann mit *Nutten* gute Gespräche führen – und dieses Wort gebrauche ich nicht abwertend.«)

Dann soll Costner sie angeblich geküßt haben, und ›eins

hätte das andere ergeben‹, wie sie meinte. Das Bild, das sie uns von Costner als Liebhaber gibt, scheint nichts mit dem Mann zu tun zu haben, der seinen Status als Sexsymbol und seine Liebesszenen auf der Leinwand eher als peinlich empfindet. »Er war so leidenschaftlich, daß es mir die Tränen in die Augen trieb«, erzählte sie. »Costner benahm sich wie ein sorgloser Junggeselle – ich bin eine erwachsene Frau, und die Chemie stimmte. Er gab mir das Gefühl, unheimlich sexy zu sein.«

Stewart behauptet weiterhin, daß es nicht bei dieser einen Nacht geblieben sei. Ungefähr zehn Tage später hätte Costner angeblich das Hotel gewechselt, sich unter dem Namen Marshall eingetragen, sie um Mitternacht angerufen und gebeten, zu ihm zu kommen. »Wir gingen gleich ins Bett. Mir war klar, daß es nur eine körperliche Beziehung sein würde, aber ich dachte mir: ›Was zum Teufel? Dieser Mann ist umwerfend, also, was soll's!‹

Stewart ist zehn Jahre jünger als Costner und sieht seiner Frau Cindy verblüffend ähnlich. »Als ich Cindy Costner zum ersten Mal zu Gesicht bekam, dachte ich, ich würde mich selbst im Spiegel sehen. Wenn er mich geliebt hat, dann hat er wahrscheinlich nur an sie gedacht«, sagt sie nachdenklich, fügt aber hinzu, daß Costner seine Familie nie erwähnt habe. »Aber ich wußte, daß er verheiratet ist.« Sie erklärt weiter: »Ich kam mir wie ihr Double vor. Costners Wahl fiel auf mich, weil ich ihn an sie erinnerte. Er hat mir diese Rolle zugeteilt, um seine erotischen Fantasien auszuleben.«

Sheri Stewarts letzte Begegnung mit dem Star fand kurz vor Weihnachten statt. Sie gingen in ein Restaurant, wo er unter dem Namen John Dunbar reserviert hatte. »Er freute sich, mich wiederzusehen«, erzählte Stewart, »aber er war sehr verändert. Ich weiß noch, wie ich scherzhaft sagte: ›Vielleicht können wir immer Freunde sein.‹ Er: ›Also, Brieffreunde bestimmt nicht.‹«

Costner fuhr kurz darauf nach Hause. Stewart berichtete, daß ein Freund von ihm sie angerufen hätte: »Kevin befürchtet, daß die Leute das mit Ihnen erfahren.« Stewart sagte, daraus hätte sie entnommen, daß es vorbei sei.

Am Anfang seiner Karriere hatte sich Costner einmal zu diesen ›irdischen Versuchungen‹ geäußert: »Du unterhältst dich mit deinem Gegenüber, findest es unwahrscheinlich interessant. Und dann trägt es einen Rock, ist sehr hübsch und attraktiv, und du wirst neugierig, was es sonst noch zu offerieren hat.«

Wenig bekannt ist, daß Costner als Sänger und Gitarrist in der Rock-Gruppe ›Roving Boy‹ mit Blair Forward, Steve Appel und John Coinman auftritt. Die Gruppe besteht seit ungefähr sieben Jahren. Ihr erstes Album mit zehn Songs unter dem Titel ›The Simple Truth‹ kam in Japan heraus. Costner hat sein Debut als Sänger auf den Markt in Übersee beschränkt, wie viele Berühmtheiten, die mit ihren TV-Werbespots um keinen Preis im amerikanischen Fernsehen erscheinen möchten. Paul Newman zum Beispiel wirbt in Japan für Kaffee, Woody Allen für ein Warenhaus und Francis Coppola für Whiskey. Ein Sprecher Costners erklärte, der Star hätte ›nicht die Absicht, auf dem amerikanischen Plattenmarkt Karriere zu machen‹.

Robert Hillburn, der bekannte Musikkritiker der Los Angeles Times, schrieb: »Er zeigt nicht nur geringes technisches Können, sondern ist auch stimmlich unbedeutend.«

Privat trägt Costner meistens sein traditionelles Outfit: verwaschene Jeans, weiße T-Shirts und Cowboystiefel. Anzüge zieht er nur sehr widerwillig an und sieht dann wie ein störrischer Zwölfjähriger aus, der am Sonntag zum Kindergottesdienst geht. Er mag Pferde, Gewehre, Pfeil und Bogen. Man sagt ihm aber auch eine gewisse Eitelkeit nach, die ihn gern zum Mittelpunkt der Aufmerksamkeit macht.

Jetzt kann er die Presse, die wie eine Invasion über sein Privatleben herfällt, kaum ertragen: »Mir wird übel, wenn jemand auf mich zukommt und sagt: ›Ich habe etwas über Sie gelesen.‹ Mein Magen dreht sich um. Warum muß ich das alles mitmachen? Ich liebe meine Arbeit, für die ich viel Geld bekomme, aber es ist zu dumm, daß jeder darüber schreiben muß. Zu dumm, daß alles in der Öffentlichkeit ausgebreitet wird, daß jeder seinen Senf dazugeben muß. Zu dumm, daß ich davon abhängig bin. Ich glaube nicht, daß ich einen zu großen Einblick in weltbewegende Dinge habe, daß ich überdurchschnittlich interessant bin.«

Über seine zukünftigen Rollen befragt, unterstreicht Costner noch einmal, daß die Story das Entscheidendste für ihn sei. »Ich suche nach Rollen, die lebenslang Gültigkeit haben. Es ist mir ungeheuer wichtig, in den richtigen Filmen mitzuspielen. Ich sitze da und denke über meine Entscheidungen nach, wahrscheinlich viel zuviel. Ich könnte es leichter nehmen. Denn ich kenne genügend Schauspieler, die in einem schlechten Film mitgespielt haben, und ehe du dich's versiehst, sind sie wieder in einem guten Film drin. Junge Schauspieler, alte Schauspieler, was immer. Und es schien sie nicht zu stören. Und dann frage ich mich: ›Warum, zum Teufel, zerbreche ich mir deswegen dauernd den Kopf?‹ Es stört mich, wenn ich nicht gut bin. Es stört mich, wenn ich nicht wirklich gut bin.«

Bei einer Umfrage der Zeitschrift ›Premiere‹, wer die hundert mächtigsten Personen Hollywoods seien, kam Costner auf Platz 13. Der Schauspieler James Earl Jones, Costners Partner in ›Feld der Träume‹, analysiert dies folgendermaßen: »Jeder, der in diesem Geschäft ist, strebt nach Macht. Und Kevin ist das Markenzeichen für Macht. Er ist unberechenbar. Er ist weder auf Megamillionen noch auf Selbstverwirklichung aus. Er ist kein Macho; er ist rein männlich. Wenn man die falschen Köpfe drückt, ist der Mann gefährlich. Er würde nicht explodieren – das wäre unproduktiv –, aber er würde Ihnen sofort den Kopf zurechtrücken. Er ist bis jetzt immer ungeschoren davongekommen, was anderen, vielversprechenden Talenten nicht gelungen ist.« Wie lange wird Hollywood, das sich rühmt, ›den allzu Mächtigen ihre Macht zu entreißen‹ das dulden? »Schwer zu sagen«, meint Jones. »Es muß ihn erst kennenlernen.«

Costner sagte selbst, daß die Hollywood-Szene und er keine gute Mischung wären. »Wenn du in dieser Stadt sagst, was du meinst, bist du ein Outlaw. Du weißt, du bist auf der richtigen Spur, wenn du Hollywood als Rätsel erscheinst. Die Leute sehen mich an und denken, sie würden alles sehen. Aber sie sehen nur den Ausschnitt, der den Moment eingefroren hat. Zu allem gibt es immer eine Vorgeschichte. In meinen Hosentaschen, in meinem Ärmel gibt es genügend Stoff, von dem sie keine Ahnung haben. Ich breite nie alles aus, was da ist, weder auf der Leinwand noch im Privatleben. Das geschieht nicht arglistig. Ein Gespräch sollte von Natur aus zweigleisig verlaufen, aber im allgemeinen wollen die Leute alles von mir wissen, ohne etwas über sich selbst zu erzählen. So halte ich mich natürlich zurück. Ich brenne nicht darauf, den Leuten meine Story zu erzählen.«

Zum Schluß des Kapitels über den Menschen Kevin Costner möchte ich den Schauspieler selbst sprechen lassen:

»Ich betrachte mich wie ein Werkstück, an dem noch gearbeitet wird, auch im jetzigen Stadium. Ich bin noch lange nicht da, wo ich sein möchte. Ich bin einfach Durchschnitt. Wenn jemand eine große Leistung vollbringt, bekomme ich Angst, daß ich es nicht so machen könnte. Das macht mich verrückt... Ich blicke nach vorn. Ich glaube an mich selbst. Ich bleibe mir treu. Wenn mich der Schauspielerberuf nicht mehr befriedigen sollte, hänge ich ihn an den Nagel. Wahrscheinlich würde ich im Nordwesten am Pazifik landen. Dort habe ich meinen Frieden. In vieler Hinsicht bin ich immer ein Einzelgänger gewesen. Ich bin es noch.«

Elftes Kapitel

›John F. Kennedy – Tatort Dallas‹, ›The Bodyguard‹ und die Zukunft

In Oliver Stones ›John F. Kennedy – Tatort Dallas‹ spielt Kevin Costner den Staatsanwalt Jim Garrison, der beweisen will, daß Kennedy einem Mordkomplott zum Opfer fiel. Seit bekannt wurde, daß Stone den Film ›JFK‹ dreht, hat die heiße Diskussion über die Einzeltäter- und Verschwörungstheorien von neuem begonnen, als wären in der Zwischenzeit nicht achtundzwanzig Jahre vergangen. Oliver Stone erklärt seine tiefe, persönliche Anteilnahme an den Geschehnissen des 22. November 1963: »Präsident Kennedy war für mich und meine Generation so etwas wie ein göttliches Ideal. Durch seine Ermordung wurde ein Traum beendet, der Idealismus meiner Jugendzeit... und wir wurden zu unserem Erschrecken in den Vietnamkrieg verwickelt.«

Jim Garrison, der strahlende Held des Films, gerät in Wirklichkeit als Privatfahnder und öffentlicher Ankläger in Sachen Kennedy ins Zwielicht. Der Hauptverdächtige Clay Shaw aus New Orleans wird von einem Geschworenengericht freigesprochen. Garrison ist ab da ›Persona ingrata‹, veröffentlicht aber das Buch ›Auf der Spur der Mörder‹, das nun zur wesentlichen Grundlage des Stone-Filmes wurde. Stone konnte Informationen aufdecken, die die US-Regierung samt CIA und FBI in direkte Verbindung mit dem Attentat bringen, das wiederum eine scharfe Debatte zwischen dem Regisseur und George Lardner, einem Reporter der Washington Post, auslöste, der Stones Version als falsch und irreführend abkanzelt.

›JFK‹ ist der zweite Costner-Film für Warner Brothers. Die Besetzungsliste ist erstklassig. Stars und Charakterdarsteller bis in die Nebenrollen: Tommy Lee Jones, Sissy Spacek und Gary Oldman. Jack Lemmon, John Candy, Glenn Ford und Sally Kirkland erscheinen in kürzeren Szenen. Der Vierzig-Millionen-Dollar-Film umfaßt mehr als zweihundert Sprechrollen.

Garrison war der einzige Anwalt, der nicht eher Ruhe gab, bis der Mordfall Kennedy vor ein ordentliches Gericht kam. Er versuchte zu beweisen, daß Kennedy Opfer einer Verschwörung wurde und daß Lee Harvey Oswald als Sündenbock vorgesehen war.

Stone wagte sich an den Stoff, wohl wissend, sich damit eine Menge Ärger einzuhandeln. Sein Vorgehen wurde von der Presse als ›unverantwortlich‹ und ›demagogisch‹ bezeichnet. Tommy Lee Jones spielt den Geschäftsmann und Millionär Clay Shaw aus New Orleans, gegen den Garrison Anklage erhoben hatte, an dem Mordkomplott maßgeblich beteiligt gewesen zu sein.

Jedenfalls wieder eine maßgeschneiderte Costner-Rolle. Ein Kreuzritter, der kein Opfer scheut und sich gegen ein machtvolles System stellt, um eine höhere Wahrheit zu ergründen.

Costner geht auf eine metaphysische Art an die Erarbeitung seiner Rollen heran: »Ich denke ziemlich viel über den von mir darzustellenden Charakter nach. Ich schlafe kurz ein, und mir fallen dann tatsächlich brauchbare Vorschläge ein, die ich bei der Verkörperung meines Charakters verwenden kann. Wenn ich einen Film drehe, sitze ich in den Drehpausen nicht mit den Kollegen herum. Ich bleibe in meiner Rolle. Man könnte sagen, ich bin jemand, der gerne Briefe bekommt, aber selbst keine schreibt. Ich bin gerne unter Menschen, aber es muß nicht sein.«

Costners Drehortbesichtigung in New Orleans für ›John F. Kennedy‹ sorgte für Aufregung in der Stadt. Die örtliche Zeitung richtete eine Sonderspalte mit der Überschrift ›Kevin

Watch‹ ein. Hier ein Leserbrief: »Ich stand hinter dem Ladentisch im Westend. Es war ein ruhiger Tag; auf der Einkaufsstraße war kaum jemand zu sehen. So gegen drei Uhr kam er herein, und ich dachte: ›Oh, den kennst du irgendwoher.‹«

Costner soll den Laden an diesem Tag in Begleitung einer attraktiven, ungefähr zwanzigjährigen Frau betreten haben. »Ich wußte, daß irgend etwas Besonderes in der Luft lag, als er sagte: ›Ich nehme die und die und die.‹ Und ich: ›Wow, wollen Sie wirklich so viele Sonnenbrillen kaufen?‹ Und er sagte: ›ja, die nehme ich.‹ Und dann sah er sich noch ein paar andere Sonnenbrillen an. Dann kamen diese beiden Teenager zu mir und fragten: ›Hat er diese Brillen berührt?‹ Ich sagte: ›Ja, wieso?‹ Die beiden: ›Das ist Kevin Costner!‹ Er benahm sich ganz normal, bis der Laden voller Autogrammjäger war. Er reichte mir seine American Express-Karte und hielt dann geduldig Autogrammstunde.«

In Dallas nahm die Bevölkerung Costner mit der gleichen Begeisterung auf: Ein ›echter Filmstar‹ hielt sich zu Dreharbeiten in ihrer Stadt auf. In den Dallas Morning News wurden Statisten gesucht, die sich dann auch zu Hunderten im Minirock und mit Bienenkorbfrisur meldeten. Carol Luker, Vizepräsidentin einer Bank, ließ – ebenso wie die gesamte weibliche Belegschaft – während ihrer Mittagspause Costners Garderobe, einen Wohnwagen, nicht aus den Augen. Ihre Geduld wurde belohnt, und sie konnten einen Blick auf ihren Lieblingsschauspieler werfen.

»Wir hatten alle Ferngläser dabei«, erzählte Ms. Luker. »Man hätte meinen können, das ganze Gebäude neige sich zur Seite, weil alle Frauen zur gleichen Fensterfront hinaussahen.«

Jetzt, wo Costner glaubt, beruflich alles erreicht zu haben, scheint er an seinem Umfeld etwas desinteressiert zu sein: »Ich finde es langweilig, über diese Hollywood-Mentalität zu sprechen«, gesteht er. »Sich da hineinziehen zu lassen, ist irgendwie frustrierend. Es ist eine Bedrohung für das, was man tut.«

»Wenn ich arbeite«, fügt er hinzu, dann steht auf meinem Tagesplan nichts anderes als der Film. Nichts anderes. Wenn ich spiele, dann versuche ich der Kreativität ein Fenster offenzuhalten. Dabei habe ich aber immer den Wunsch, über meine Ideen zu sprechen. Ich versuche derart in die Rolle hineinzuwachsen, daß ich dann beim Spielen völlig unkontrolliert bin.«

Costner hat die notwendigen Erfahrungen gesammelt, nachdem er mit Altstars wie Sean Connery, DeNiro, Hackmann und Anthony Quinn gespielt hat: »Ich habe mit ein paar guten Schauspielern gespielt. Sie haben mir fachlich Hilfestellung gegeben, haben das Problem eingekreist und über Schauspielkunst im Allgemeinen gesprochen, ohne einem aber zu nahe zu treten; und das, mein Freund, ist Großmut.«

De Palma sagte, Costner wäre einer der wenigen Schauspieler, der alte Klischees wieder zu neuem Leben erwecken würde, und Oliver Stone verläßt sich darauf. »›John F. Kennedy‹ ist ein unter die Haut gehender Politthriller, der das traumatischste Ereignis der jüngsten amerikanischen Geschichte zum Thema hat.«

›John F. Kennedy‹ wurde von Stone und seinem langjährigen Co-Produzenten A. Kitman Ho (›Platoon‹, ›Born On The Fourth Of July‹ – ›Geboren am 4. Juli‹, ›The Doors‹ u. a.) hergestellt.

Stone sagte, wir werden »eine Menge Tatsachen erfahren, die von der Warren-Kommission ignoriert wurden. Wir sehen uns altes Beweismaterial an, werden uns auch Drehbücher vornehmen, die nicht nur auf Jims Ermittlungen beruhen, sondern aus unterschiedlichen Quellen stammen.« Der Regisseur hat diesen Film seit über zweieinhalb Jahren vorbereitet und sagt, daß er sich einige Freiheiten nehmen werde, um dem Geschehen einen unterhaltsamen Touch zu geben. »Aber nur minimal«, fügt er hinzu, »denn die Thematik ist der Öffentlichkeit in gewisser Weise heilig.«

›Heilig‹ ist das richtige Wort. Die Presse ging auf die Barrikaden und erklärte Stone und ›JFK‹ den Krieg. Sie warfen Stone vor, er sei ein ›Geschichtsverfälscher‹ und ›Hochstapler‹.

Der Film, so Oliver Stone, geht hauptsächlich davon aus, daß Kennedy ermordet wurde, weil er sich aus dem Vietnamkrieg zurückziehen und den Kalten Krieg beenden wollte. So die Meinung des Regisseurs. Wer profitierte von Kennedys Tod am meisten? Das ist eine der provokativen Fragen Stones, mit denen er Licht in das Dunkel der Verschwörung bringen möchte.

Stone entdeckte durch den Texaner Larry Howard, Gründer des ›J. F. K. Assassination Information Center‹ in Dallas, eine ungeahnte Fülle bisher nicht veröffentlichten Materials: »Zum Beispiel: das Gewehr, aus dem der tödliche Kopfschuß abgegeben wurde; die Identität der Person, die die Kronzeugen aus dem Weg räumte; der Code-Name des zweiten Todesschützen; ein Foto von der Frau des Mörders mit Jack Ruby und einen an den Mörder gerichteten Brief, in dem ihm ein ehemaliger Präsident der Vereinigten Staaten zu seiner guten Arbeit gratuliert.«

Howard soll zu Stone gesagt haben: »Wir haben zweifelsfrei die Wahrheit über den Präsidentenmord herausgefunden. John F. Kennedy wurde von den Hintermännern einer mächtigen Interessengruppe ermordet, die die Regierung der Vereinigten Staaten kontrolliert. Ihrer Ansicht nach stellte Kennedy eine Bedrohung für die nationale Sicherheit dar und mußte beseitigt werden.«

Zu Beginn der Dreharbeiten erklärte Stone, daß der Film so, wie das Drehbuch abgefaßt ist, eine Länge von über drei Stunden haben würde. Unzählige Zwischenschnitte und Rückblenden, Montagen alter Wochenschaubilder und farblich verfremdete Szenen zeigen entscheidende Ereignisse aus wechselnden Perspektiven. Costner, der wegen seiner ›Americanness‹ für diese Rolle ausgesucht wurde, erhielt sie ben Millionen Dollar plus einer prozentualen Beteiligung an den Einspielerträgen.

Als bekannt wurde, daß Stone diesen Film machen würde, brach ein Sturm empörter Kritiken los. Stone meinte aber, daß nicht alles aus dem Munde der Kritiker stamme: »Es hört nicht auf... und wir müssen damit fertig werden... Viele Hindernisse werden uns in den Weg gelegt, und wir sind schon mehrmals von Leuten gewarnt worden, die uns stoppen wollen.«

Es existierten damals mehrere Projekte, die das Kennedy-Thema behandeln, zum Beispiel Don DeLillos ›Libra‹. In ›Libra‹ soll die Ermordung Kennedys das Werk einer Anti-Castro-Bewegung gewesen sein. Stone hält ›Libra‹ für »... Fiction, denn hier sitzt Lee Harvey Oswald im Lagerhaus am Drücker, und mein Film will das Gegenteil beweisen.«

Gerüchte kursieren, daß Stone versucht hätte, ähnliche Projekte zu stoppen, einschließlich der Rechte der A&A-Films an ›Libra‹. Stone hatte dafür nur ein müdes Lächeln und meinte: »Das würde ich nur zu gerne glauben, denn damit gesteht man mir sehr viel Macht und Einfluß zu... Niemand kann die Herstellung eines Projektes stoppen.«

Trotzdem waren die Kontroversen, die sich an diesem Projekt entzündeten, größer, als Stone je erwartet hätte. So warf er den Reportern mangelnde ›Integrität‹ und ›Zivilcourage‹ vor, wenn es um die Kennedy-Berichterstattung geht: »Schämt ihr euch nicht, ihr Scheißer? Ihr wollte Journalisten sein! Ihr seid Karrikaturen eines Journalisten! Das ist doch kein Journalismus, was ihr da macht! Das ist die reinste Propaganda. Ihr arbeitet für das Informationsministerium! Ihr seid Kreaturen von George Orwell! So könnte ein Russe reagieren, der 1935 für Stalin bei der Prawda gearbeitet hat! Ihr seid allesamt Lügner! Ihr erfindet die Geschichte! Ihr solltet wieder die Schulbank drücken und Geschichte lernen!«

Stone ist bekannt dafür, daß er zu solchen Wutausbrüchen neigt, wenn ihm etwas mißfällt. So mußte das Studio von Warner Brothers darüber hinwegsehen, von ihm (vor der

Produktion von ›JFK‹) als ›blutsaugender Vampir‹ bezeichnet worden zu sein.

Stone hatte anfänglich geplant, das Studio für einen Film über das Leben von Howard Hughes zu interessieren. Terry Semel, der Stones Sticheleien satt hatte, schlug ihm vor: »Wenn du schon einen Film über Korruption drehen willst, dann doch lieber über die größte Korruption aller Zeiten – den Mordfall Kennedy.« Stones Augen weiteten sich, und die Hughes-Idee fiel sofort unter den Tisch.

In Stones Drehbuch wird mit manchen Tatsachen sehr freizügig umgegangen, zur Überraschung einiger, die ›ihre Geschichte kennen‹. So war Clay Shaw zum Beispiel ein feinsinniger, kultivierter Mensch, mit einem ausgesuchten Geschmack für Literatur, Musik und Architektur. In Stones Film hingegen wird er als Lustmolch dargestellt, der sich an junge Burschen heranmacht – er war homosexuell – und in einem Ambiente wohnt, das einem mittelalterlichen Kerker gleicht. Man ging sogar so weit zu behaupten, Stone hätte ›...Personen erfunden, Situationen gestellt und Szenen umgestellt‹, um seine Verschwörungstheorie zu untermauern.

Costner und Stone sagten offen, daß sie beide abends manchmal ein ›Glas zuviel‹ getrunken hätten, denn am Set herrschten nicht gerade Lachen und Heiterkeit. Stone, der Heißsporn und Wüterich, beschwerte sich oft darüber: »Ich komme mir wie ein Präsidentschaftskandidat vor, mit dem, was ich mir hier alles aufgeladen habe. Um Himmels willen, warum muß ich meinen Film verteidigen? Ich bewerbe mich nicht um das Präsidentenamt, und ich plädiere auch nicht für eine Wiederaufnahme der Ermittlungen. Ich drehe einen Film.«

Am 20. Dezember 1991 erlebt ›John F. Kennedy‹ seine Uraufführung in den USA. In den deutschen Kinos lief der Film rund einen Monat später an – unter dem Titel ›John F. Kennedy – Tatort Dallas‹. Trotz – oder vielleicht gerade wegen – der enormen Widerstände und massiven Kritik wurde der Film ein großer kommerzieller Erfolg. Nach dreizehn Wochen hatte er in den USA bereits knapp 68 Millionen Dollar eingespielt, in der Bundesrepublik nach neun Wochen etwa 25 Millionen Mark.

Costners nächstes Projekt nach ›John F. Kennedy‹ ist bereits in Produktion. ›The Bodyguard‹ – ein Film, der einen großen Kassenerfolg verspricht. Ein romantischer Thriller mit Kevin Costner und Whitney Houston in ihrem Leinwanddebut. Houston hatte vier Jahre lang vergeblich nach einem geeigneten Projekt gesucht, um ihre Filmkarriere zu starten. Ihrem Plattenstudio Arista gelang es dann endlich, den geeigneten Filmstoff an Land zu ziehen, in dem die Talente der Sängerin zum Einsatz kommen, und zwar Lawrence Kasdans ›The Bodyguard‹ mit Costner als Partner.

Superstar Houston wird eine Sängerin spielen, deren Leben von einem ihrer Fans bedroht wird. Als Lebensretter in höchster Not erscheint, wie immer, Kevin Costner, diesmal in Gestalt eines Leibwächters. Costner sagt, daß er Whitney Houston für die Rolle vorgeschlagen habe.

Der Gesangsstar weiß zu berichten: »Kevin sagte zu mir: ›Ich weiß, du kannst es. Ich weiß, du hast schauspielerisches Talent. Ich möchte, daß du mitmachst.‹ Er war sehr aufgeregt, als er sich die Probeaufnahmen ansah.«

Die Story wird das Sonnenseiten-Image, das sich die Fans von Houston gemacht haben, nicht gerade aufrechterhalten. Sie werden enttäuscht feststellen, daß es durchaus nicht komisch ist, wenn Whitney um ihr Leben bangen muß. Der Film muß also nicht unbedingt ein großer Kassenerfolg werden, da die positive Lebenseinstellung ihrer Songs nicht wiedergegeben wird. Abgesehen davon, könnte die Kritik Costner angreifen, weil die wachsende Egomanie und Macht des Stars in Hollywood nicht gern gesehen werden. So hat er bereits eine nicht mehr so glänzende Berichterstattung der Presse hinnehmen müssen.

Wie Martin Grove im ›Hollywood Reporter‹ schreibt, ist

Costner ›zum schwarzen Scharf der Medien geworden‹. Diese Meinung teilt auch ein Artikel von Maureen Dowd in ›The New York Times‹: »Kevin Coster ist schlechtgelaunt. Angeblich ist er über sein schütter werdendes Haar besorgt. Sein Haar sieht okay aus. Vielmehr sollte er sich über seine dünner werdende Haut Sorgen machen.«

Es gibt jedoch genauso viele Insiderstimmen der Filmindustrie, die ihn sehr positiv beurteilen. Wie Nancy Griffin in ›Premiere‹: »Kevin ist das einzig Wahre.«

Kenneth Turan von der ›Los Angeles Times‹ schreibt: »Wie viele Schauspieler ist er in bestimmten Rollen erfolgreich. Seine Paraderollen zeigen ihn als Suchenden, der mit der Welt unzufrieden ist und nach etwas Höherem, Besserem strebt. Aber ich glaube nicht, daß man ihm Führungseigenschaften zusprechen würde.« Womit er nicht ganz Unrecht hat, denn Costners Charaktere verfolgen mehr persönliche Ziele und vermitteln nicht das Bild eines geistigen Übervaters. Der Produzent von ›Es gibt kein Zurück‹, Mace Neufeld, ist da anderer Meinung: »Er führt die Tradition der alten Stars fort, wie Gary Cooper und John Wayne. Er ist der Typ Mann, den du gern zum Freund haben möchtest.«

Für Drehbuch und Produktion von ›The Bodyguard‹ sind Costners Partner Jim Wilson und sein langjähriger Freund Lawrence Kasdan zuständig. Die Regie übernimmt Mick Jackson. Costner spielt in diesem Streifen einen ehemaligen Secret Service-Agenten, der zum Schutz einer gefeierten Sängerin und Schauspielerin angeheuert wird, weil ein besessener Fan ihr Leben bedroht. Der Film verspricht viel Action und Spannung.

Wir können zwar alle nicht in die Zukunft sehen, aber Costner meint, daß er weiterhin versuchen würde, gute Filmstoffe zu finden und zu bearbeiten. »Fest steht, Kinofilme werden am laufenden Band gedreht. Es gibt die Winterfilme, die Frühjahrsfilme, die Herbstfilme. Die erschienenen Filme haben mich nicht immer besonders beeindruckt. Entweder du mußt in einen Film springen – und ich weiß, was es heißt, vier Monate in den Dreharbeiten eines Films zu stecken, mit dem man unzufrieden ist –, oder du sitzt es aus; und ich weiß, was aussitzen heißt. So bleibt dir nur die eine Möglichkeit – und dazu braucht man kein Genie zu sein –, du mußt anfangen, selbst das Material zusammenzutragen, das deine Sensibilität widerspiegelt. Und dann mußt du in der Lage sein, es auf den Markt zu bringen.«

Trotz aller Kontroversen, die der Film über den Kennedy-Mord auslöste, steht Costner mit einigen Politikern seiner Couleur auf gutem Fuß. Costner, der bekanntlich mit der Politik der Konservativen und Republikaner sympathisiert, ließ sich mit dem republikanischen Senator Phil Gramm aus Texas fotografieren und soll ihm 4000 Dollar für seine Präsidentschaftskandidatur 1996 vorgestreckt haben.

Gramm ist jedoch nicht der einzige Politikerfreund in Costners Kreis. Im Juli 1991 besuchten Kevin Costner und André Agassi keinen geringeren als George Bush in Camp David. Der Präsident war erschienen, um sich für seine Gipfelkonferenz mit Michael Gorbatschow vorzubereiten, konnte aber mit Agassi und Costner eine Runde Golf spielen. Wie Costner kommentierte, nicht besonders gut. Und Bush meinte: »Ich hoffe, der Gipfel verläuft besser als das Golfspiel mit diesen beiden.«

In seine Zukunft blickt Costner mit gemischten Gefühlen. Irgendwie fürchtet er, der Erfolg würde nun seinen Tribut verlangen. Auf die Vergangenheit jedoch kann er zufrieden zurückblicken. Wie er selbst sagt: »Ich bin bis jetzt mit den Entscheidungen, die ich getroffen habe, zufrieden. Ich versuche mir bei der Wahl meines nächsten Films reiflich Zeit zu lassen. Darum sieht man mich nicht laufend im Kino. Ich finde, wenn die Leute sich durch deinen Namen beeinflussen lassen, dann solltest du das auch honorieren und dich bemühen, daß sie auch bestimmte Werte mit deinem Namen verbinden.«

Costner räumte ein, daß die Zukunft vielleicht noch etwas

anderes als nur Filme für ihn bereithalte: »Ich möchte gerne wissen, wer ich bin. Ich weiß, ich ändere mich. Vielleicht muß ich woanders hingehen. Ich suche nicht nach einem Ausweg, aber manchmal überlege ich mir, ob ich nicht eine Zweitliga-Mannschaft trainieren sollte, verstehen Sie.« Da Joe erst zwei Jahre alt ist, liegt das wirklich noch in ferner Zukunft.

Beruflich sieht die nahe Zukunft für Costner rosig aus. Im Anschluß an ›The Bodyguard‹ sind weitere Filme in Zusammenarbeit mit Warner Brothers geplant. Zum Beispiel das Remake von ›Camelot‹, denn Costner liebäugelt mit dem Part des König Arthur.

»Die Rolle des König Arthur würde ich wirklich gerne spielen. Kein Witz. Ich kann gut singen. Ich habe bereits im Schulchor gesungen, in Musicals. So habe ich mit der Schauspielerei angefangen. Von Richard Harris war ich begeistert. Er singt mit großem Engagement, und ich kann mir nicht vorstellen, daß Arthur ein großer Sänger war. Ich stelle ihn mir einfach als einen durch und durch guten Menschen vor, der mit den unglaublichsten Dilemmas fertig werden muß.

Die Story fasziniert mich einfach. Dieser Lancelot kommt ins Spiel, und es heißt: ›Verpiß dich‹, aber er bleibt. Mordrid erscheint, und es heißt: ›Bringt den Kerl um, bringt diesen Hurensohn um, bevor er alles vermasselt.‹ Keiner tut es. Und dann gibt es noch Guinevere: ›Mach hier keinen Mist. Hör auf, Arthur zu verarschen. Du hast einen Fehler gemacht! Geh zu Arthur zurück.‹ Das tut sie aber nicht. Statt dessen geht sie ins Kloster.«

Nach dieser Inhaltsangabe zu schließen, scheint die Geschichte von Camelot genau die Elemente zu enthalten, die ein Kevin Costner-Projekt braucht.

HEYNE FILMBIBLIOTHEK

DIE NEUEN STARS IN HOLLYWOOD

32/139

32/147

32/138

32/156

32/109

WILHELM HEYNE VERLAG MÜNCHEN